シリーズ
知の図書館
3

図説 世界を変えた
50の心理学

Fast Track
Psychology

◆著者略歴

ジェレミー・スタンルーム（Jeremy Stangroom）

イギリスの著名な哲学者、社会理論家、著述家。1997年にジュリアン・バジーニとともに「フィロソファーズ・マガジン」を創設し、そのウェブサイト（www.philosophyexperiments.com）も運営している。これは世界でもっとも広く読まれている哲学関連の定期刊行物のひとつである。著書は、『アインシュタインの脳パズル』『哲学者は何を考えているのか』など多数。ロンドン・スクール・オヴ・エコノミクスから政治社会学のPh.D.を取得し、「宗教の科学的検証委員会」のフェローに選ばれた。

◆訳者略歴

伊藤綺（いとう・あや）

翻訳家。訳書に、クライヴ・ポンティング『世界を変えた火薬の歴史』、チャールズ・ペレグリーノ『タイタニック――百年目の真実』、チャールズ・ストロング『狙撃手列伝』、トマス・クローウェル『図説蛮族の歴史――世界史を変えた侵略者たち』、スラヴァ・カタミーゼ『ソ連のスパイたち――KGBと情報機関［1917-1991年］』（以上、原書房）などがある。

Illustrations by: Eva Tatcheva

Conceived and produced by Elwin Street Limited
3 Percy Street, London W1T 1DE
www.elwinstreet.com
This Japanese edition published by arrangement
with Elwin Street Limited, London
through Tuttle-Mori Agency, Inc., Tokyo

シリーズ知《ち》の図書館《としょかん》3

図説《ずせつ》世界《せかい》を変《か》えた50の心理学《しんりがく》

●

2014年6月20日　第1刷

著者………ジェレミー・スタンルーム

訳者………伊藤綺《いとうあや》

装幀………川島進（スタジオ・ギブ）

本文組版………株式会社ディグ

発行者………成瀬雅人

発行所………株式会社原書房

〒160-0022　東京都新宿区新宿1-25-13

電話・代表 03(3354)0685

http://www.harashobo.co.jp

振替・00150-6-151594

ISBN978-4-562-04995-0

シリーズ
知の図書館
3

図説 世界を変えた
50の心理学

Fast Track Psychology

ジェレミー・スタンルーム 伊藤 綺 訳
Jeremy Stangroom *Aya Ito*

目次

序文

「心理学（psychology）」という言葉は、ギリシア語の「プシケ（psyche、魂または心）」と「ロゴス（logos、知識または学問）」に由来し、文字どおり「心の学問」を意味する。この用語は18世紀にはじめて一般的にもちいられたが、人の思考や行動を科学的に理解することを目的とした明確な研究領域をさす現在の意味で使われるようになったのは、19世紀末になってからのことだった。

現在、心理学の名のもと、研究者は学習、認知、注意、記憶、パーソナリティ（人格）、エイジング、偏見、服従、精神病、はては人間の繁栄にいたるまで、きわめて多岐にわたる現象を探究している。本書では、これまでに登場した50人の偉大な心理学者の思想と研究をつうじて、これらのトピックすべてに言及していく。この50人はその一人ひとりが、現代心理学を構成する知識体系に多大な貢献をした。

心理学の歴史は大いなる実験の歴史にほかならず、このことはあとのページを読んでいただければ明らかだろう。わたしたちは心理学という、心と行動への飛躍的理解をもたらしてきた探究にいまなおそそがれるあくなき努力に興味を引かれるのだ。

心理学者は多くの場合、ほとんどの人と同様に平凡な人生を送っており、その心理学の業績は、もっぱら同僚に残した研究体系に見いだされるにすぎない。ただし例外もある。この分野の主導的学者、ジェームズ、フロイト、ユングは非凡な人生を送り、自分自身と世界における自分の位置に対する人びとの見方を一変させ、文化と社会に少なからぬ影響をあたえることになった思想と理論を生みだした。この稀有な天才たちがきわだっているのは、その知名度によってより有名でない心理学者の重要性がそこなわれたからではなく、その思想と研究が、心理学の関心事がいかに人間にとって変わらぬ重要性をもっているかを実証しているからなのである。

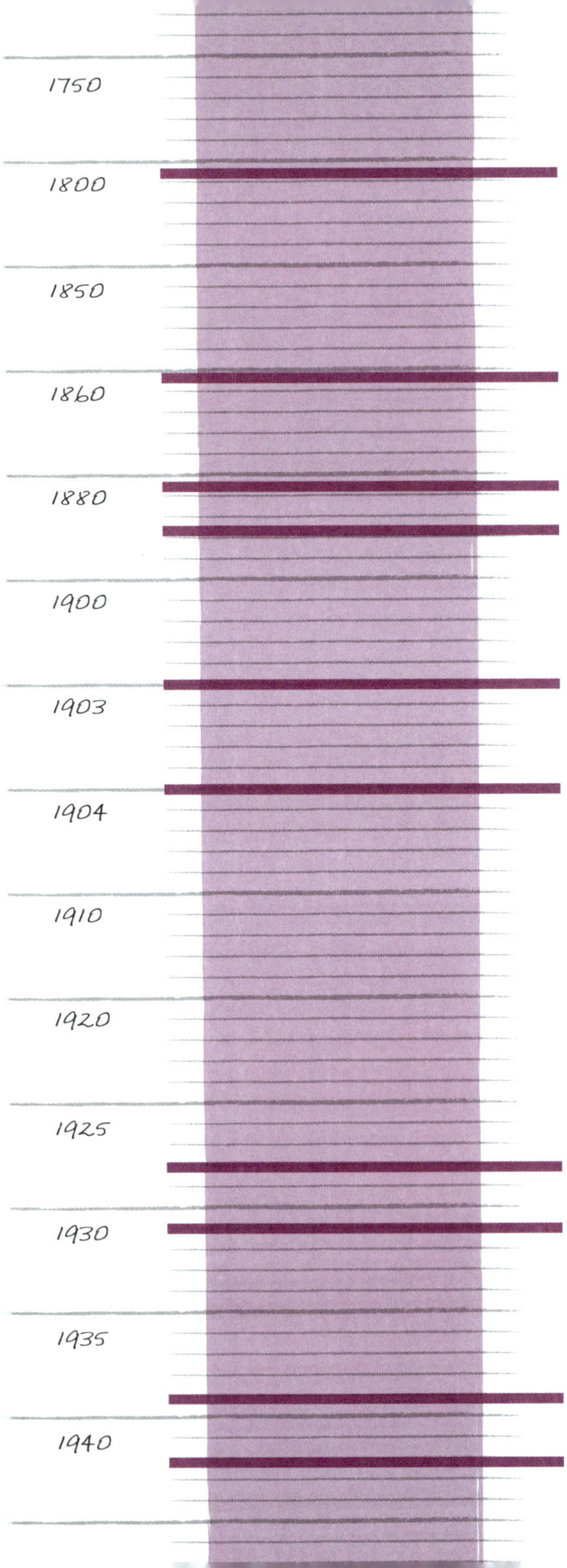

ピエール・カバニス『人間の身体的側面と精神的側面との関係について（On the Relations between the Physical and Moral Aspects of Man）』（1802年）

ヴィルヘルム・ヴント『感官知覚論（The Velocity of Thought）』（1862年）

フランシス・ゴールトン『人間の能力とその発達の研究（Inquiry into Human Faculty and its Development）』（1883年）

ウィリアム・ジェームズ『心理学の諸原理（Principles of Psychology）』（1890年）

イヴァン・パヴロフ『動物の実験心理学と精神病理学（The Experimental Psychology and Psychopathology of Animals）』（1903年）

エドワード・ソーンダイク『精神的社会的測定学序説（Introduction to the Theory of Mental and Social Measurements）』（1904年）

ジョン・ワトソン『乳幼児と児童の心理学的治療（Psychological Care of Infant and Child）』（1928年）

エドワード・トールマン『新行動主義心理学――動物と人間における目的的行動（Purposive Behaviour in Animals and Men）』（1932年）

B・F・スキナー『有機体の行動――実験的分析（The Behavior of Organisms: An Experimental Analysis）』（1938年）

マックス・ヴェルトハイマー『生産的思考（Productive Thinking）』（1942年）

第1章
はじまりから行動心理学まで

心理学の分野は、人の心が体系的研究に値する対象であるとしだいにみなされるようになった19世紀に誕生した。この章では、ヴィルヘルム・ヴントのような初期の内観心理学者の研究を考察し、さらに最初の行動主義心理学者の思想をつうじて、心理学が明確な研究分野として出現するまでをたどる。

ある学問分野の誕生

人間はこれまであらゆるものへの関心を記録してきたが、そのほぼすべての期間、心の働きに関心をいだいてきた。たとえば、古代ギリシアの哲学者アリストテレスはプシケ（心または魂）にかんする論文を書いているが、なかでもとくに感覚体験、思考、想像力の特性について論じている。

しかし心にかんする議論はきわめて思弁的な性質のものであったため、近代までは一般に哲学の領域に入ると考えられていた。心理学が別個の分野としてようやく登場したのは19世紀後半のことで、それは1879年、ヴィルヘルム・ヴントが心理学研究室を創設し、それにともない心の研究が科学的基盤の上におかれたときのことである。

ヴントと同僚は内観法、すなわち注意を自分の意識体験に向けていくことで、意識的思考の基本構造を調べようとした。内観は実験室で行なわれ、あたえる指示や刺激の性質（メトロノームの音など）といった剰余変数は、つねに一定になるよう細心の注意がはらわれた。こうすることで、内観の結果が、実験が行なわれた特定の環境に影響を受けず、意識体験の構造を正確に反映するようにしたのである。

だがこのときもちいた心理学の研究法は、ヴント派が期待していたほど科学的なものではなかった。問題は、内観法が客観的かつ反復可能な結果をもたらさないことだった。内観を学んだ２名の研究者がこの手法をもちいてメトロノーム音を聞くという経験を識別し、異なる結果が得られた場合、どちらが正しいか判断する方法はいっさいない。内観は本質的に個人の主観と密接な関係があるため、信頼性の高い知識体系の基盤にはならないのだ。

20世紀の最初の10年間までに、この手法は信頼性がないとして不満の声が聞かれるようになっていた。とりわけアメリカの心理学

「行動主義者から見た心理学は、純粋に客観的かつ実験的な自然科学の一部門である。その理論的目標は、行動の予測と制御である」

ジョン・B・ワトソン

者ジョン・B・ワトソンは、内観に批判的だった。ヴント正統派は1913年、ワトソンが『行動主義者から見た心理学』という論文を発表し、そのなかで、心理学は観察可能な行動だけを対象にすべきだと主張したのをきっかけに崩壊しはじめた。心理学が自然科学と同じ土俵に立ちたければ、厳密な研究方法を反復しなければならなかった。それはつまり、観察・測定できる対象に焦点をしぼり、個人的経験という内的領域にかんする言及はすべて排除するということだった。

かくして、ワトソンは心理学を「人間の行動――獲得的、生得的両方の行為と言動――を対象とする自然科学の一部門」と定義した。

ヴント派の内観主義とワトソン派の行動主義の闘いは、後者の圧倒的勝利に終わった。行動主義はすぐさま、とりわけ北アメリカで、人間行動研究の心理学的パラダイムの主流となり、それは以後ほぼ50年間変わらなかった。1950年代に認知心理学が登場してはじめて、行動主義の優勢に疑問が投げかけられるようになった。

ピエール・カバニス

唯物論を支持

Pierre Cabanis

生年
1757年、コニャック、フランス

没年
1808年、ムラン＝アン＝イヴリーヌ、フランス

医学博士になる教育を受けたのち、ピエール・カバニスは18世紀末期のフランスで、「人間の学」の可能性に専心する思想家集団、イデオロジスト（観念学派）のメンバーとして名をなした。

カバニスは代表作『人間の身体的側面と精神的側面との関係について』のなかで、心と身体との関係は広く唯物論的に理解すべきだと主張した。生物学的生命は感覚をもつ能力によってある程度定義され、人間の思考、感情、思想はすべて、感覚によってひき起こされると考えていた。脳と胃との比較は有名で、胃が食べ物を消化する器官であるのと同様に、脳は感覚印象を消化する器官、もしくは思考を分泌する器官であると説いた。

カバニスはけっして現代的な人物ではない。たとえば代表作の終わりのほうで、人間は入浴中にどのくらい水を吸収するかという問題を論じているが、水の量はその人の気質に関連すると主張している。つまり、粘液質でなければないほど、それだけいっそう水を吸収するというのだ。

だがそれ以外の関心事は、一見してわかるほど現代的である。カバニスは、生物は獲得形質の遺伝によって進化するという（誤った）説を信奉し、人間の条件を改善する方法として選択交配プログラムを支持した。また、夢に現れる無意識の存在を肯定的に仮定してもいる（つまり、フロイトの中心思想のひとつを先どりしていたことになる）。くわえて、人が心のなかに見つけるものはすべて外部から入ってきたものだとする、人間の本性の「空白の石板」説を否定し、かわりに年齢、性別、身体的「気質」、健康状態といった内的な生理学的要因の重要性を強調した。

カバニスの研究はいまではたんなる歴史的関心にすぎない。それでも、人間の心を根底にある生理学の働きによって理解しようとしたその試みは、最終的に心理学となった学問分野の初期の発達においてきわめて重要だった。

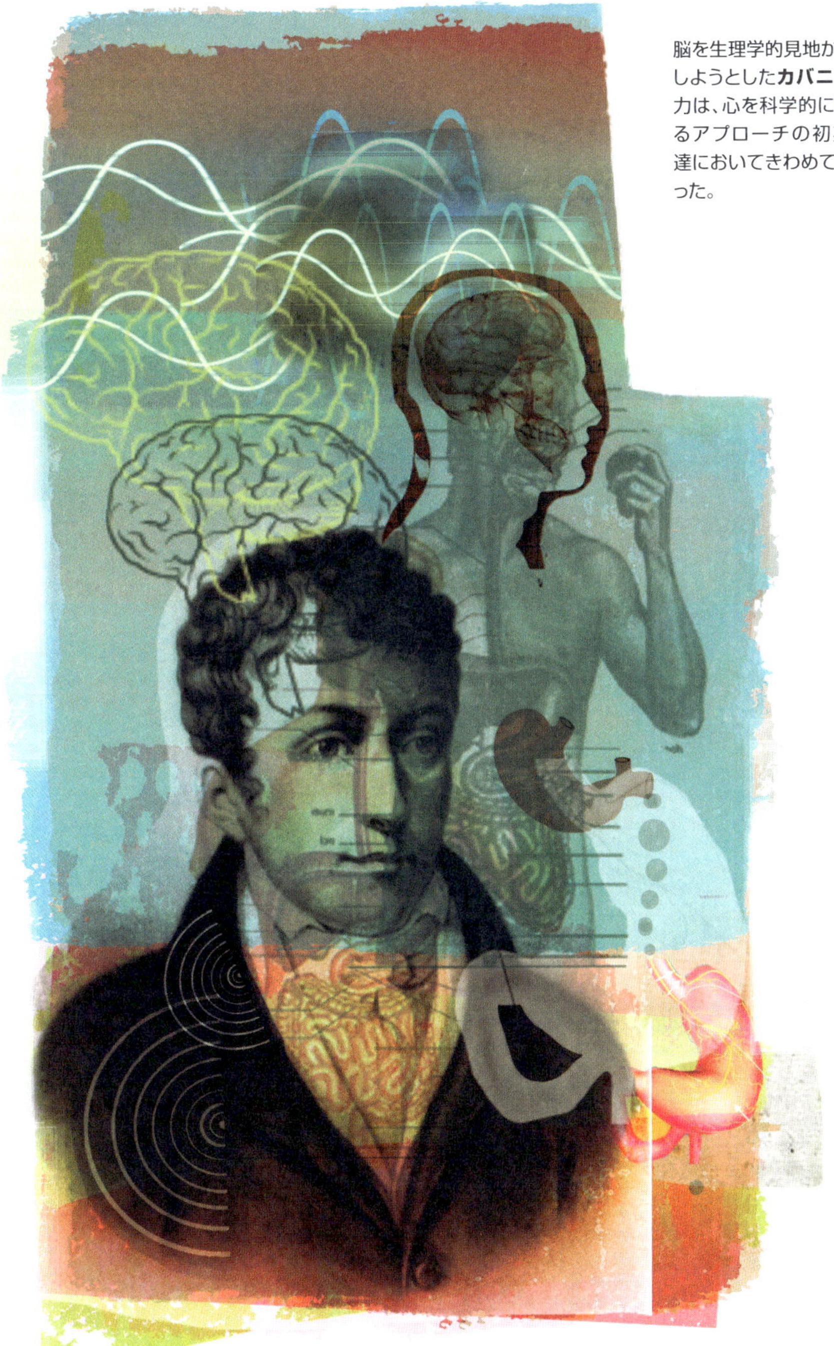

脳を生理学的見地から理解しようとした**カバニス**の努力は、心を科学的に理解するアプローチの初期の発達においてきわめて重要だった。

フランシス・ゴールトン
心理測定法を考案

Francis Galton

生年
1822年、バーミンガム、イギリス

没年
1911年、ハスルメール、イギリス

19世紀の博識家フランシス・ゴールトンは、おそらく優生学の提唱者としてもっともよく知られているだろう。優生学とは、ゴールトンの言葉によれば「人類の生得的質を改善するすべての影響をあつかう」学問分野である。しかしこれはある意味、彼にとっては不運なことといえるだろう。というのは、優生学運動とのかかわりとその致命的な歴史のせいで、実際は豊かなゴールトンの知的遺産に傷がついてしまったからだ。

心理学の分野では、ゴールトンは個人差の研究を創始し、とりわけ最初の知能検査とよべるものを考案したことで知られる。また記憶について知るために、言語連想法も開発している。質問表を系統的に活用した最初の人物であり、さらに新たな統計的手法を数多くつくりだして、収集したデータの精度を高めた。また、心像（心的イメージ）、遺伝、遺伝―環境論争といった事柄にかんしても斬新な意見をもっていた。

ゴールトンが考案した知能検査は、今日の基準からすればかなり風変わりにみえる。この検査は、人の知能はすべて個人の感覚能力と相関関係にあるという仮定にもとづいていた。だからたとえば、異なる重さをどのくらい正確に識別できるか判断するテストや、傾斜角度を見つける能力を測定するテストを発明したのである。1882年、ゴールトンはロンドンに試験センターを設立した。そこでは無料で、一連のこうしたテストを受け、最後に成績表を受けとることができた。

ゴールトンのもっとも有名な心像テストでは、被験者はその日の朝食のテーブルを心に思い浮かべ、そのイメージが鮮明か、詳細か、色つきかといったことについて報告するよう求められた。彼が驚いたことに、この能力にはかなりのばらつきがあることがわかったが、結果は後世の心理学者の研究によって裏づけられた。

心理学史におけるゴールトンの重要性は過小評価されるべきではない。ヴントのように多数の信奉者に霊感をあたえはしなかったが、ほかのだれよりも、心理学者がどれほど効果的に個人差を研究できるか証明したのだから。

ゴールトンは、記憶力、感覚弁別力、視覚心像といった心理適性における個人差の重要性を強調した心理学的アプローチを提唱した。

ヴィルヘルム・ヴント
内観法を提唱

Wilhelm Wundt

生年
1832年、マンハイム、ドイツ

没年
1920年、グロースボーテン、ドイツ

ヴィルヘルム・ヴントは当然ながら、心理学の創始者とされている。1864年、ヴントはハイデルベルク大学で「生理学的心理学」の講義をはじめて行なった。1874年には、革新的な『生理学的心理学綱要（Principles of Physiological Psychology）』を刊行し、その5年後、世界最初の実験心理学研究室をライプツィヒ大学に創設した。

ヴントは、この新しい学問である心理学は意識的思考の基本構造を明らかにすることをめざすべきだと考え、この目的にいちばん適した手法は内観、すなわち、自分の心の内容を検討することだと主張した。ただしヴントのいう内観とは、わたしたちが日常生活で行なっている類のものではなく、人の心にかんする信頼できる知識を引きだすことを目的とした、厳密に統制されたものだった。

ヴントのアプローチはおおむね、メトロノームを使って行なわれた一連の実験に関連して説明できる。標準的な実験では、高度に訓練された被験者、たいていはヴントの教え子のひとりが参加した。そしてメトロノームの厳選された一連のカチッカチッという音に注意を集中し、そのあと自分の体験の特定の側面をふりかえり、カチッカチッという音がそれぞれ異なって聞こえたか、あるいはひとまとまりに聞こえたかといったことを報告した。そうなると今度は、メトロノームの速さやリズムをさまざまに変え、その経験に影響をあたえるかどうかを確認することが可能になった。

ヴントはこのメトロノームを使った実験をふまえて、感情の三次元説を展開した。メトロノームに対して、自分が3種類の反応を経験する傾向があることに着目したのだ。それは、リズムによる快と不快、カチッという音が鳴るのを待ちかまえているときの弛緩と緊張、そして拍子の速さによる鎮静と興奮である。聞く実験を反復した結果をもとに、ヴントは、意識的感情はすべてこの3つの連続体――快／不快、弛緩／緊張、鎮静／興奮――にそって変化すると結論づけた。

心理学者はもはやヴントのこの説をまともに受けとめてはいない。それでも、心理学史におけるヴントの地位は不動である。

ヴントは世界最初の心理学専門の研究室を創設し、意識的思考の基本構造を解明するのにもっとも適した方法として内観を支持した。

ウィリアム・ジェームズ
心理学の原則を明示

William James

生年
1842年、ニューヨーク州ニューヨーク、アメリカ

没年
1910年、ニューハンプシャー州タムワース、アメリカ

ウィリアム・ジェームズは多くの点で矛盾した人物である。自分を心理学者とよびたがらなかったにもかかわらず、心理学の古典のひとつを著し、応用研究をほとんど避けていたにもかかわらず、アメリカ大陸に最初の心理学研究室を設立している。現代なら、ジェームズはおそらく哲学者、それもとくに「プラグマティズム」の提唱者として知られていただろう。そうではあっても、彼がもっとも重要な心理学者のひとりであることを疑う者はだれもいない。

ジェームズは、心理学の出発点は思考ないし意識だと主張した。しかしヴントの、意識はばらばらの基本要素——感情と感覚——に分解できるとする考えは認めず、かわりに意識には５つの明確な特性があると唱えた。

ひとつは、あらゆる思考は必然的に個人的なもので、だれかに属するというものである。したがってジェームズは、意識にかんするもっとも基本的な事実は、「わたしは思う」と「わたしは感じる」だと説いた。

意識はまたつねに変化しており、まったく同じ意識的思考や意識状態を２回以上経験することはけっしてできない。このことは、その人の気分や時間の経過などによって、さまざまな対象がじつにさまざまな思考や感情をよびおこすという事実に端的に示されている。

意識の３つめの特性は、それが連続した流れとして経験され、細かくきざまれて経験されるわけではないことだ。もちろんジェームズには、意識がとぎれることがあるのはわかっていたが、とぎれたあとも、人はいとも簡単に自分の意識とふたたびつながる——たとえば、眠りから目覚めるときなど——という事実がその連続性を実証していると論じた。

意識のもうひとつの特性は、必然的に差別的、選択的であることだ。人は対象の特定の側面を、強調、受容、拒絶、統合の過程によって理解する。ただ受動的に体験全体に対応しているわけではないのだ。

そして最後の特性は、意識はつねにそれ自身とは別のなにかについての意識だということである（意識の「志向性」とよばれることもある）。

心の科学的研究に適した方法を詳述した**ジェームズ**の著書『心理学の諸原理』は、当然ながら心理学の古典のひとつとみなされている。

イヴァン・パヴロフ

古典的条件づけを発見

Ivan Pavlov

生年
1849年、リャザン、ロシア

没年
1936年、サンクトペテルブルク、ロシア

ロシアの生理学者イヴァン・パヴロフは、古典的条件づけの発見につながる現象をふとしたことから見つけた。犬の消化を研究していたとき、実験室の犬がそれまでしたことのない興味深い行動を示したのだ。パヴロフや助手が実験室に入ってくると、きまって唾液を分泌するようになったのである。どうやら犬は、パヴロフが実験室にいることと、エサがまもなくもらえることとを関連づけることを学んだらしかった。

パヴロフはこの仮説を、おそらく心理学史上もっとも有名になった実験によって体系的に検証しはじめた。そして犬の唾液分泌量を計測するための手法を考案し、エサが自動的に犬に唾液を分泌させることを確認した。つまり、犬は食事中にはかならず唾液を分泌することを発見したのだ。この場合エサは、犬の唾液分泌という無条件反応（UCR）をひき起こす無条件刺激（UCS）である。

興味深い疑問は、中性刺激——ベルの音など——を無条件刺激と組みあわせることで、犬に唾液分泌させることができるかどうかだった。案の定パヴロフは、ベル音とエサをいっしょにくりかえし提示すると、エサが視界にまったくなくても、犬はベル音を聞いただけで唾液を分泌しはじめることを発見した。この場合、ベル音は犬に条件反応（CR）をひき起こす条件刺激（CS）として機能している。

このような学習は古典的条件づけとして知られ、その発見をきっかけにその秘密を解明しようと研究がさかんに行なわれるようになった。たとえばパヴロフは二次条件づけを発見したが、そこではCS（ブザー音など）が、新たな中性刺激（黒い四角形など）と組みあわせることで事実上UCSの役割をはたすようになる。パヴロフはまた、般化（もとのCSに類似した刺激——わずかに高低の異なるベル音など——もやはりCRをひき起こす）や、弁別（かなり異なる刺激——非常に高低の異なるベル音など——はCRをひき起こさない）も実証した。

イヴァン・パヴロフの研究は20世紀前半に絶大な影響をおよぼし、とりわけ行動主義学派の台頭に貢献したが、今日でも学習が起こるしくみを理解するうえで貴重な貢献をはたしている。

パヴロフの業績は古典的条件づけを発見したことでゆるぎないものとなった。古典的条件づけとは、中性刺激（ベル音など）と無条件刺激（食べ物など）とを組みあわせて行なう学習の一形態である。

エドワード・ソーンダイク

「効果の法則」を発見

Edward Thorndike

生年
1874年、マサチューセッツ州ウィリアムズバーグ、アメリカ

没年
1949年、ニューヨーク州モントローズ、アメリカ

アメリカの心理学者エドワード・ソーンダイクが19世紀の最後の数年間に行なった動物にかんする研究は、おそらく動物心理学の分野における最初の室内実験だったと思われる。

ソーンダイクは1897年、ハーヴァード大学で文学修士の学位を取得し、1899年、コロンビア大学の教員養成大学院で心理学の講師となり、その職に生涯とどまった。研究テーマは動物の学習で、もっとも有名な実験はネコと問題箱を使ったものだ。問題箱は透かし木箱で、この箱からはある問題——たとえば掛け金を開け、レバーを引くなど——を解いたときだけ脱出することができ、その報酬はエサだった。練習することによって、動物は箱から脱出するのがうまくなるかどうかを確かめるのがソーンダイクのねらいだった。

はじめてネコを箱のなかに入れたときには、その行動はいきあたりばったりで、でたらめだった。最後には脱出したものの、それはたんなる偶然で、問題を解くための正しい行動の組みあわせをたまたま見つけたにすぎなかった。ところが試行をくりかえすうちに、ネコはだんだん必要のない行動をしなくなり、ついには箱に入れられるとすぐに脱出できるようになった。

ソーンダイクは、ネコは試行錯誤学習を証明したと主張した。脱出に成功し、エサの報酬を得るたびに、動物の心に正しい行動がきざみつけられたのだ。ネコはその状況を理解したわけでも、一瞬の洞察がひらめいたわけでもなく、箱から出られる行動をただ再生できるようになったにすぎない。

ソーンダイクはまた、「効果の法則」がこの種の学習において作用していると主張した。この法則によると、特定の状況においてある行動が満足感をもたらすと、その行動と状況との結合が強められるという。つまりソーンダイクは、のちに強化——簡単にいうと、ある行動が起こる確率を高めるものすべて——として知られるようになった概念をすでに発見していたことになり、これは行動主義心理学者の中心概念となった。

ソーンダイクの評判はおもに動物学習にかんする研究に結びつけられているが、教育心理学や心理測定学をはじめとするほかの研究分野にも重要な貢献をしている。

ソーンダイクは「効果の法則」を発見したことで知られ、この法則によると、特定の状況においてある行動が満足感をもたらすと、その行動と状況との結合が強められるという。

ジョン・ワトソン
行動主義を創始

John Watson

生年
1878年、サウスカロライナ州トラベラーズレスト、アメリカ

没年
1958年、ニューヨーク州ニューヨーク、アメリカ

ジョン・B・ワトソンが「行動主義」——彼が創始したとされる心理学的アプローチ——を提唱したのは、20世紀への変わり目に主流だった、ひたすら意識体験に焦点をあて、意識の基本要素を発見する手段として内観を支持する正統派的学説への反発からだった。ワトソンは正統派的学説の方法を、難解なうえあきれるほど非科学的だとして拒絶し、当時の心理学者の典型的な態度について、研究結果が再生できないと、それをすべて内観法に十分に熟達していないせいにすると指摘した。

ワトソンは、心理学は意識内容への言及をすべて排除し、かわりに観察・測定可能な行動を研究対象にすべきだと提案した。その目的は、心理学を客観的かつ実験的な学問分野として確立し、自然科学の一部門にすることだった。

1920年にジョンズ・ホプキンズ大学で行なわれた、ワトソンの有名な「アルバート坊や」の実験は、このような科学がどのように人間の学習をあつかうかを示している。ワトソンは、アルバート・Bという生後11カ月の乳児がシロネズミに対してこれといった恐怖心をもっていないことを確かめてから、実験を開始した。ワトソンが興味を引かれていた疑問は、ネズミへの恐怖心をアルバートに植えつけることは可能かということだった。

それを確かめるため、ワトソンはネズミをアルバートに見せ、アルバートがなでようと手を伸ばすと、乳児の背後においた鋼鉄の棒をハンマーでたたいた。予想どおり、アルバートはこの大きな音に対し恐怖と苦痛の反応を示した。この過程を7回くりかえしたところで、アルバートはネズミを見ただけで恐怖反応を示すようになった。さらにワトソンは、アルバートの恐怖がすぐさまウサギや毛皮のコートといったほかの類似した刺激にも般化したことを発見した。

心理学史においてこの実験は今日、倫理的に問題があったことでよく知られている。とりわけ非難の的になっているのは、ワトソンがアルバートのネズミへの恐怖条件づけを「消去」しようとしなかったことだ。それでも「アルバート坊や」の実験は、条件反応が人間で実証された最初の例であるとともに、内的な心理状態に言及することなく心理学を行なう手順をも示したのである。

ワトソンは行動主義の父とされ、「アルバート坊や」の実験をつうじて、条件反応が人間にも形成されうることを証明した最初の人物だった。

マックス・ヴェルトハイマー

ゲシュタルト手法を創始

Max Wertheimer

生年
1880年、プラハ、ボヘミア王国

没年
1943年、ニューヨーク州ニューロシェル、アメリカ

1910年、マックス・ヴェルトハイマーはフランクフルトに向かう列車のなかで、のちに心理学に新たなゲシュタルト学派を創始するきっかけとなる洞察を得た。そのときヴェルトハイマーは、駅の閃光灯が動性錯覚をひき起こしていることに気がついた。これのなにが重要かというと、動いている要素が視界にまったくなくても、動きの知覚が可能なことを証明した点である。

動性錯覚についてはすでによく知られていたが、ヴェルトハイマーと同僚はそれがいかにヴント派心理学者の「分子的」アプローチをゆるがすか証明することができた。知覚体験は個々の要素の寄せ集めではなく、知覚の場の全体性（ゲシュタルト）によって構成されている。すなわちヴェルトハイマーがいうように、「ひとつの全体においては、そのふるまいは個々の要素によって決定されるのではなく、その部分的過程それ自体が全体の本質的性質によって決定される」

このことは、人が感覚情報をどのように体制化するかを考えれば、具体的に説明することができる。たとえば、次のようなシンボルのくりかえしについて考えてみよう――！！！？？！！！？？！！！？？。人はえてしてこれを（等しく可能な別の形態ではなく）、エクスクラメーションマーク３つとクエスチョンマークふたつのまとまりが３つあると解釈する。ヴェルトハイマーによれば、これは感覚情報を解釈する際、人は類似したものをまとめる傾向があるからだという。

もうひとつの体制化の原理は、近接である。次のような音のくりかえしを聞いていると仮定しよう――カチッカチッカチッ、小休止、カチッカチッカチッ、小休止、カチッカチッカチッ。人はこのカチッという音を、小休止をふくめたより大きなまとまりとしてではなく、３音のまとまりが３つあると解釈する傾向があるのだ。

ヴェルトハイマーによれば、これは人が知覚体験を、ばらばらな経験の要素を結合することによって構成しているのではなく、むしろ経験の要素を、それらが現れる全体的な文脈のなかで解釈していることを証明しているという。

この洞察をもとに、新たなゲシュタルト心理学者たちは膨大な研究を生みだした。ある解説者によれば、ヴェルトハイマーが最初の実験を行なってから25年間で、114種類の体制化の原理が明らかにされたという。

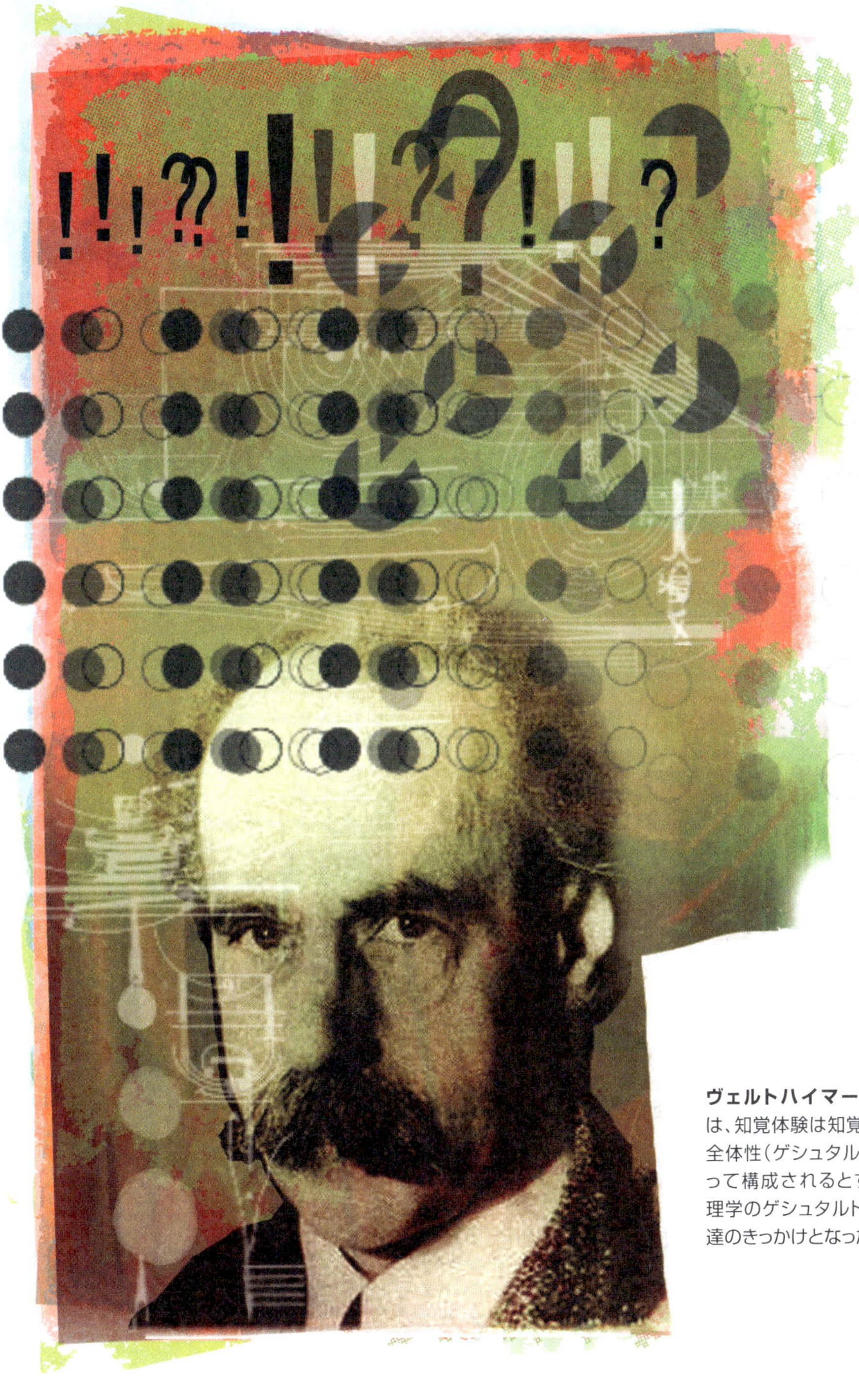

ヴェルトハイマーの研究は、知覚体験は知覚の場の全体性（ゲシュタルト）によって構成されるとする、心理学のゲシュタルト学派発達のきっかけとなった。

エドワード・トールマン
認知地図を提唱

Edward Tolman

生年
1886年、マサチューセッツ州ウェストニュートン、アメリカ

没年
1959年、カリフォルニア州バークリー、アメリカ

多くの同時代人と同様に、エドワード・C・トールマンもまた、従来の内観心理学への不満から行動主義に引きつけられた。しかしジョン・B・ワトソンのようなより急進的な同僚とは距離をおき、学習過程における認知的要因の役割を研究した。

この研究の重要性は、厳格な行動主義者が、迷路を走るというネズミの学習能力をどのようにとらえていたかを考えると理解できる。この場合ネズミはたんに、迷路をうまく通り抜けたらもらえる報酬によって「強化」された、一定の筋肉運動を再生しているにすぎないとみなされる。迷路が刺激となり、ネズミはただ特定の個々の運動感覚反応をくりかえしているというのである。

トールマンはこの見方を単純すぎるとしてしりぞけ、同僚や教え子とともに一連の実験を行ない、それが学習の説明としては不十分であることを部分的に証明した。これらの実験のうちもっとも注目に値するのは、3グループのネズミに3つの異なる状況下で迷路を走らせたものだ。第1グループは迷路を通り抜けるたびにエサをあたえたところ、すぐさま脱出する方法を学習した。第2グループは迷路から出てもエサをいっさいあたえなかったので、実験期間中ずっとでたらめに走りまわっていた。第3グループは最初の10日間は報酬をあたえなかったので、この期間中は第2グループとまったく同じ行動をとった。しかし10日後にエサが導入されると急速に学習し、第1グループのネズミにまもなく追いついた。

これはどうやら、第3グループのネズミは走りまわりながらずっと迷路について学習していたのだが、その学習は報酬があたえられるまで潜在していたということらしい。こうした証拠にもとづいてトールマンは、動物に空間を認知させ、適切な状況下で目的的行動を引きださせる認知地図の存在を主張した。それはまた、強化が行動にとってきわめて重要である一方で、学習にとってはそうでないことも証明した。

心理学史におけるトールマンの重要性は、行動主義が優勢だった時代に、認知心理学の初期の形態を提唱したことにある。トールマンの研究は学習中に認知過程が作用していることを明らかにし、厳格な行動主義の還元主義に重要な矯正策をあたえることになった。

トールマンの実験は、動物の学習がたんに自動的な行動反応ではなく、動物に空間を認知させる認知地図をはじめとする認知的要因がかかわっていることを実証した。

B・F・スキナー

オペラント条件づけを発見

B. F. Skinner

生年
1904年、ペンシルヴェニア州サスケハナ、アメリカ

没年
1990年、マサチューセッツ州ケンブリッジ、アメリカ

B・F・スキナーの行動主義は、「行動の存在を説明したければ、いちばん確実なのはその結果に注目することだ」という単純だが力強い考えのうえに成り立っている。ようするにこれは、エドワード・ソーンダイクの効果の法則をいいかえているにすぎない。ただしスキナーの場合、この考えは事実上人間の行動全体にまでおよんでいた。

スキナーのこの考えは、賞罰によって行動を形成するオペラント条件づけという概念のなかで裏づけられている。これは、次に述べる「スキナー箱」のしくみから説明できる。まず、ネズミが閉じた箱のなかに入れられており、そのなかにはレバーがあって、それを押すとただちにエサが出てくるようになっている。最初、ネズミはただあてどなく走りまわっているが、そのうちレバーにぶつかり、その結果エサがあたえられる。これには報酬に先だつ行動、すなわち「レバーを押すこと」を強化する効果がある。こうしてネズミはすぐさま、報酬を確実に手に入れるためにレバーに直行することを学習する。このように、正の強化はレバーを押すという行動を生じさせる。

スキナーはほかの種類の条件づけも明らかにしている。負の強化は、痛みの軽減につながるという理由から行動が強化されるときに起こる。たとえばスキナーは、ネズミに痛みをともなう電気ショックをあたえ、レバーを押すと電気ショックのスイッチが切れるようにして、ネズミにレバー押しを教えこむことができた。罰はまた、ある種の行動を弱めるのにも利用でき、子どもに好ましくない行動をやめさせたいときに、一般に制裁——苦痛をあたえる場合もふくめて——をもちいるのはおそらくこのためだろう。

スキナーの行動主義は、たしかにその意味あいにおいて急進的である。ジョン・ワトソンとは異なり、心の存在を否定しなかったが、スキナーの行動の説明において心はなんの役割もはたしていない。彼にいわせれば、ほぼすべての行動は正または負の強化のパターンによって決定される。そのアプローチのもつ力は——その限界がなんであれ——疑う余地がない。条件づけの手法を使って、スキナーがハトにピンポンを教えこんだのは傑作である。

スキナーは「オペラント条件づけ」として知られる学習の一形態を発見した。オペラント条件づけでは、行動はその後続結果、とりわけそれに随伴する賞罰によって形成される。

1900

チャールズ・スピアマン『客観的に決定・測定された「一般知能」('General intelligence', objectively determined and measured)』(1904年)

1905

シリル・バート『心の研究(Study of the Mind)』(1930年)

1930

ゴードン・オルポート『人間の形成——人格心理学のための基礎的考察(Becoming: Basic Considerations for Psychology of Personality)』(1955年) **ドナルド・ブロードベント**『知覚とコミュニケーション(Perception and Communication)』(1958年)

1955

1960

レイモンド・キャッテル『因子数のスクリーテスト(The Scree Test for the Number of Factors)』(1962年) **ハンス・アイゼンク**『あなたのIQは?(Know your own IQ)』(1962年) **ノーマン・ゲシュヴィント&イーディス・キャプラン**『人間の離断脳症候群(A Human cerebral disconnection syndrome)』(1962年)

1962

ジョージ・スパーリング『連続提示または短時間提示された明暗境界付近の視覚閾値(Visual thresholds near a continuously visible or briefly presented light dark boundary)』(1963年)

1963

ノーム・チョムスキー『文法理論の諸相(Aspects of the Theory of Syntax)』(1965年)

1965

ジェローム・ブルーナー『知ることについて——左手のためのエッセイ(On Knowing: Essays for the Left Hand)』(1979年)

エリザベス・ロフタス『目撃者の証言(Eyewitness Testimony)』(1979年)

1980

1985

マイケル・ガザニガ『マインドマターズ——心と脳の最新科学(Mind Matters: How Mind and Brain Interact to Create our Conscious Lives)』(1988年)

1990

アントニオ・ダマシオ『デカルトの誤り——情動、理性、人間の脳(Descartes' Error: Emotion, Reason, and the Human Brain)』(1994年)

1995

ベンジャミン・リベット『マインド・タイム——脳と意識の時間(Mind Time: The Temporal Factor in Consciousness)』(2005年)

2005

第2章
心と人

20世紀なかばに心理学が成熟すると、その研究対象は行動から心の働きや特性へと移った。この章では認知心理学をとりあげ、ジェローム・ブルーナー、ノーム・チョムスキーといった主導的学者の研究に注目するとともに、レイモンド・キャッテル、ハンス・アイゼンクといった心理学者の研究をつうじ、比較心理学にも目を向ける。

行動主義と認知革命

認知心理学を定義する簡単な方法はないが、このアプローチはおそらく、脳を情報処理システムとみなすコンピュータサイエンスから得たメタファー（隠喩）を使うともっともよく理解できるだろう。脳は入ってくる知覚情報をただ受動的にとりこみ、学習された反応を行動に再生するのではなく、受けとった情報を処理して形づくる能動的なシステムである。認知心理学者は、知覚、注意、意思決定、記憶、言語獲得といった現象に注目し、それらを実証する過程において脳がはたす能動的な役割を解明することに関心をよせる。

認知心理学は、1950年代に行動主義に対する全般的な不満から出現した。行動主義は当時、とりわけ北アメリカで優勢な心理学的パラダイムだった。ますます明白になっていたのは、行動にのみ焦点をあて、学習はすべて刺激反応結合によって成り立つとする行動主義には、人間の思考や行動の複雑さを説明することはできないということだった。

こうした非妥協的な還元主義は、行動主義が認知心理学の台頭からの圧力にさらされる以前から問題にされていた。学習にとっての「認知地図」の重要性を実証した1930年代のエドワード・トールマンの研究や、知覚が動的現象であることを証明した1940年代のジェローム・ブルーナーの実験は、厳格な行動主義的アプローチからの脱却をはかった初期の例である。

「認知革命」がはじまって20年たたないうちに、認知心理学は行動主義に代わって主流の心理学的パラダイムとなった。認知革命は一般に1956年にはじまったとされ、この年、情報処理的アプローチの勃興にとって重要な出来事が数多く起こった。

この年の夏、「人工知能」という言葉を考えだした計算機学者ジョン・マッカーシーや、数学者のマーヴィン・ミンスキーをはじめ

「思考が行動を統制しうることを否定する理論は、複雑な人間行動を説明するには用をなさない」

アルバート・バンデューラ

とする大勢の学者がダートマス大学で会合を開き、知能をシミュレートする機械をつくれるか議論した。また同じ年のもっとあとには、マサチューセッツ工科大学（MIT）での会議でノーム・チョムスキーが、翌年出版されることになる彼の代表作『文法の構造』のアイディアをふくむ論文を発表して、言語と認知の関係に対するわたしたちの理解に革命をまきおこした。

さらに1956年にはブルーナーらが、認知過程の基本概念形成にかんする最初の本格的研究である『思考の研究』を出版。一方、心理学者のジョージ・ミラーは先駆的な論文『マジカルナンバー7、プラスマイナス2』を発表し、人間の情報処理能力の限界について説明したが、これは現在、心理学史上もっとも引用された論文のひとつとなっている。

今日、認知心理学は、心理学的研究のほぼすべての側面に浸透している。その最大の強みはやはり記憶や注意といった分野にあるため、どうしても情報処理的アプローチに結びつけられるものの、その影響は認知療法、認知発達、社会的認知などさまざまな分野におよんでいる。

アルフレッド・ビネー
知能尺度を開発

Alfred Binet

生年
1857年、ニース、フランス

没年
1911年、パリ、フランス

20世紀への変わり目に活動したフランスの心理学者アルフレッド・ビネーは、最初の真に実用的な知能検査を開発したことと、より一般的には、個々人で異なる心の特性の研究ととらえていた個人心理学の主張を支持したことで知られている。

ビネーが知能の「尺度」を開発しようと思いたったのは、それによって学習障害児を特定できれば、特殊教育をほどこすことで支援できると考えたからだ。

この試みにおけるビネーのアプローチは、もっぱら実際的なものだった。ひとつは健常児、もうひとつは知的障害児の、ふたつの子どもの集団にさまざまな検査を受けさせ、このふたつの集団の差異、また子どもと大人の差異がわかりやすい検査項目を探したのである。こうして同僚のテオドール・シモンと協力し、1905年、難易度がしだいにあがっていく30の検査項目からなる最初の知能尺度を開発することができた。

1908年までにビネーはこの尺度を改訂し、特定の年齢の健常児の平均得点を基準とした。たとえば3歳では、子どもは自分の鼻、目、口を指さすことができ、4歳では3桁の数字を反復でき、11歳では3分間に60語をあげることができ、12歳では7桁の数字を反復できなければならない。自分より2歳下の年齢グループの課題を遂行できなければ、その子どもは特殊教育を受ける、全体の7パーセントに入るというのが、ビネーの考えだった。

ビネーは自分の知能尺度の限界を百も承知だった。知能は複雑な現象——人が環境に適応し、それを把握する能力とおおむね定義していた——であるにもかかわらず、自分の検査は知能を便宜上、単一の項目に還元していることを認めていた。ビネーはまた、知能は固定化されたものだとする考えを否定し、かわりに、正しい訓練をほどこせば、子どもは自分の知能レベルを向上させることができると考えていた。ビネーの知能尺度は今日、スタンフォード・ビネー知能検査として生きつづけ、改訂を5回重ねて、臨床的・神経心理学的評価、幼児期評価、特殊教育配置評価に利用されている。

ビネーは最初の現代的な知能検査を開発し、1905年に発表したが、それは今日のIQ（知能指数）テストの先駆けとなった。ビネーはこれを、特殊教育によって支援できるかもしれない子どもを見きわめるために利用した。

チャールズ・スピアマン
一般知能因子を提唱

Charles Spearman

生年
1863年、ロンドン、イギリス

没年
1945年、ロンドン、イギリス

イギリスの心理学者チャールズ・スピアマンは、イギリス陸軍に15年間勤めたあと、人生の比較的遅い時期に心理学を志した。しかしその遅れをものともせず、統計理論において、とりわけ因子分析の活用によって飛躍的前進をとげ、さらには単一の一般知能因子(g) をも明らかにした。この概念は、スピアマンが最初に提唱してから100年ほどたった現在もなお、影響をおよぼしつづけている。

スピアマンはg因子を、さまざまな一般知能検査間にみられる相関関係のパターンを分析した結果、発見した。簡単にいえば、だれかがある種類の検査——たとえば、感覚弁別検査など——が得意なら、その人は、見たところ無関係なほかの種類の検査（たとえば、語想起検査など）も得意な傾向にあるということを発見したのである。これは、異なる検査すべてに共通して成績を支えている単一の知能因子が存在することを示唆している。

スピアマンによれば、個々のテストの成績はこの単一の一般因子と、特定の検査ごとに特有な特殊因子との関数だという。このことからスピアマンは、知能は異なる２種類の因子、すなわち一般因子(g) と多くの特殊因子からなると主張した。

スピアマンが「パワーの流れ」のような性質をもつと考えた一般因子は、おもに理性と結びついた知的活動にとってとりわけ重要だ。とくに、概念間の関係を理解する能力や、ある状況における関係がどのように別の状況に転移されうるかを理解する能力にとって重要である。当然のことだが、理性活動とは無関係の能力にとってはあまり重要ではない。たとえば、ある音と別の音とを聞き分ける能力では、事実上なんの役割もはたさない。

スピアマンの一般知能因子説は多大な関心と物議をよび、それは今日も議論の的になっている。スピアマン独特のスキーマ（認識の枠組み）——とくに、g因子のほかにも一般知能が存在する可能性など——に向けられた多くの批判は根強いが、g因子に似たなにかが存在するという説には裏づけとなる十分な証拠がある。

スピアマンは一般知能因子(g)を提唱し、これが、異なる認知能力検査すべてに共通して個人の成績を支えていると主張した。

シリル・バート
知能の遺伝性を主張

Cyril Burt

1971年に亡くなった際、イギリスの心理学者シリル・バートはこの分野のひときわ明るい星のひとつとして、また、世界中の心理学者の長老として賛辞が述べられたという。イギリス学士院の特別会員であり、60年におよぶキャリアにおいて350を超える論文を発表していた。だがその6年後、バートが組織的な科学的詐欺を働いていたことを示す証拠がつぎつぎと明らかになると、その名声はずたずたに破壊された。

バートの死後の失墜は話せば長くなるが、ようするに、知能はおもに遺伝的現象だとするみずからの主張を増強するため、別々に育った一卵性双生児（MZA）にかんする古典的研究を、ねつ造したデータにもとづいて行なったらしいのである。

真相を理解するにはまず、一卵性双生児のIQテストの得点には高い相関性があることに注目しなければならない。これは、知能がおもに遺伝子によって決定される場合、まさに期待どおりの結果だが、きわめて重要なことに、知能が環境の産物である場合もやはり期待どおりの結果なのである。というのは、双子はたいていいっしょに育てられるからだ。このことから、別々に育った一卵性双生児は、知能の遺伝性を研究する心理学者にとって非常に貴重な存在なのである。知能は遺伝子的要素が大きいとする「遺伝主義者」が正しければ、MZAのIQ得点にもやはり高い相関性が期待できただろう。

これこそまさに、バートがMZAにかんする3つの重要研究において立証したものと思われ、3つすべてが、別々に育った一卵性双生児はIQ得点が非常に似ていることを証明していた。これらの研究はきわめて重大な証拠とみなされた。

だがあいにく、心理学者のレオン・カミンがバートの死の直後に行なった研究によって、彼のデータの問題点が明るみに出た。それは、話がうますぎることだった。つまり、バートの3つの研究は何年も間隔をあけて発表されていたにもかかわらず、また、最後の研究では最初の研究の3倍の双子を対象にしていたにもかかわらず、まったく同じ結果を報告していたのである。これは統計的にほとんどありえないことで、ほかの多くの変則も考えあわせたうえで、研究者たちはバートがデータをねつ造したにちがいないと結論づけたのだった。

すべての人が同意しているわけではないが、バートの研究結果は今日、信頼しうる科学的所見とみなされていないことはたしかである。

生年
1883年、ロンドン、イギリス

没年
1971年、ロンドン、イギリス

バートは生前、双子の研究で知られ、知能はおもに遺伝的現象であると証明したかに思われた。ところがバートの名声は、彼が研究データの大半をねつ造していたことが発覚してそこなわれた。

ゴードン・オルポート
パーソナリティを研究

Gordon Allport

生年
1897年、インディアナ州モンテズーマ、アメリカ

没年
1967年、マサチューセッツ州ケンブリッジ、アメリカ

1924年、アメリカの心理学者ゴードン・オルポートは、ハーヴァード大学で「パーソナリティ──その心理学的社会的側面」と題する講義を教えはじめた。今日ならその講義にとりたてて変わったところはないが、90年前、オルポートは人格心理学の分野の先駆者で、こうした講義をアメリカ大陸で行なった最初の人物だった。

オルポートは、パーソナリティ（人格）研究に対しふたつのアプローチを採用した。「法則定立的」アプローチは、すべての人が共有するパーソナリティ特性に注目する。たとえば、人が内向性／外向性の一般的尺度のどこに位置するかなどがそれにあたる。オルポートが好んだ「個性記述的」アプローチは、個人の独自性、具体的には個人が示す特定の特性と傾性に注目する。

同僚のヘンリー・オドバートとともに、オルポートは辞書からパーソナリティ特性を表現する約1万8000語をひろいだし、さらにそれを4504語までしぼりこんで、個人を特徴づける特性は階層構造をなしていると主張した。「基礎」特性は非常に包括的で、事実上その人を定義する支配的な情熱を形成する。しかしほとんどの人は、この意味での単一の優勢な特性をもたない。むしろ個人のパーソナリティは「中心」特性から構成され、語彙数こそ少ないものの、それによって外界に対応することで表向きの性格を形づくる。だからたとえば、楽観的な人だとか、分析的な人だとか、攻撃的な人といったように特徴づけられるのだ。そして最後に「二次的」特性があり、これはもっと一貫性がなく、特定の状況に左右される傾向がある。たとえば嗜好や好みなどがそうで、知っているのはその人に近しい人びとだけということもありうる。

オルポートの分析には頭を悩ませるものがある。個人のパーソナリティはすべて独自のものだと主張したが、彼が同定した特性はそのようにみえない（たとえば、人ならだれでも「幸せな」性格がどんなものか知っている）。これに対するオルポートの解答は、重要なのは特性の個々の構造だと主張することだった。このことからパーソナリティとは一般に、「個人のなかにあって、その人に特徴的な行動や思考を決定する精神身体的体系の力学的体制」と定義されるのである。

オルポートは個々人の独自性を重視したパーソナリティ理論を展開し、とくに人の思考と行動を支配する特性の構造に注目した。

レイモンド・キャッテル
16PF人格目録を開発
Raymond Cattell

生年
1905年、ウェストブラミッジ、イギリス

没年
1998年、ハワイ州ホノルル、アメリカ

イギリス出身でアメリカを拠点とした心理学者レイモンド・キャッテルは、数々の発見とともにその研究手法でも名高く、他に先駆けて多変量解析をもちいた。多変量解析とは、思考と行動にかんする多数の相互作用する変数の効果に着目する手法で、キャッテルは複雑な数学的手法、とくに因子分析を使ってデータから重要なパターンを抽出した。

キャッテルの数学への傾倒は、彼がかつてパーソナリティを方程式の形——R＝f（S, P）——で概念化した事実にはっきりと示されている。

これは複雑に見えるかもしれないが、じつはそうではない。この式はたんに、人の行動反応（R）はその人のおかれた状況（S）とパーソナリティ（P）との関数であることを意味しているにすぎない。これは、「特定の状況におかれたとき、その人がどうするかを予測させるもの」とする彼のパーソナリティの定義にぴったり合う。

キャッテルの心理学の分野へのもっとも重要な実質的貢献は、おそらくパーソナリティ特性論だろう。彼は特性を、「表面的」特性（ふつうの言葉でいうところのパーソナリティ、いわゆる性格に結びつけられる行動）と、「根源的」特性（パーソナリティの基本構成要素）とに分けた。

キャッテルのアプローチは徹底して経験的だった。まずゴードン・オルポートが同定した4504語の特性に着目し、類義語を除いてこのデータをわずか171語にまで減らした。さらにこれらの特性がどのように相互に関連しているかに注目し、最終的に、対をなす（クラスター）46個にしぼりこんだ。キャッテルは、この46の表面的特性が人格世界——パーソナリティ特性の全領域——を構成していると主張した。

キャッテルは、この46の表面的特性を因子分析することで、パーソナリティ構造を構成する根源的特性を発見した。複雑なデータを少数の因子に縮減するこの統計的手法によって、表面的特性がどのように重なりあっているかを説明する、16の主要なパーソナリティ因子（根源的特性）を抽出できたのである。これらの根源的特性には情感、知能、情緒的安定性などがふくまれ、キャッテルが作成した多大な影響力をもつ16パーソナリティ因子（16PF）質問表の基礎をなしている。

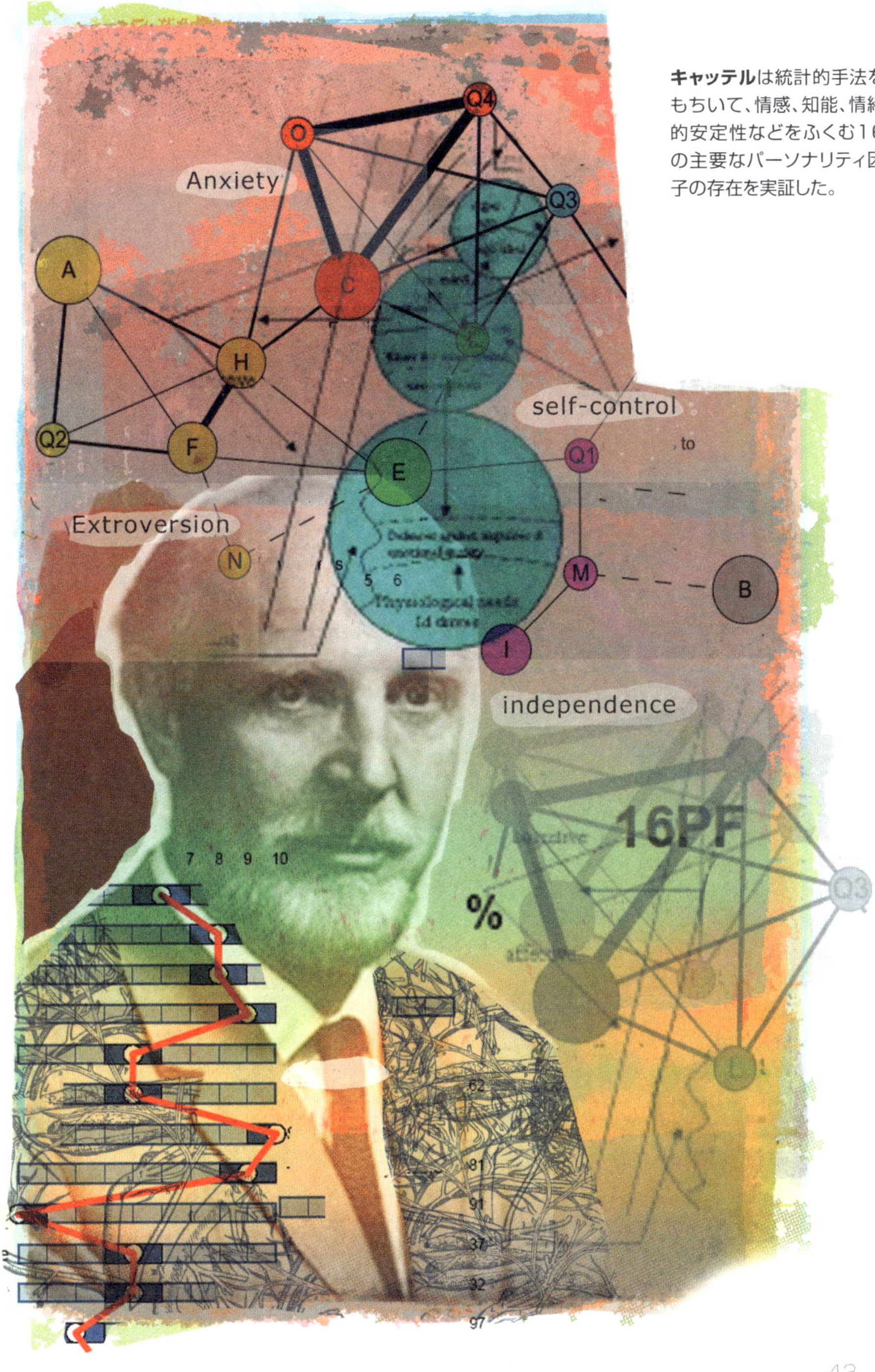

キャッテルは統計的手法をもちいて、情感、知能、情緒的安定性などをふくむ16の主要なパーソナリティ因子の存在を実証した。

ジェローム・ブルーナー

認知心理学を創始

Jerome Bruner

第2次世界大戦後からアメリカで活動しているジェローム・ブルーナーは、心理学の焦点を観察可能な行動への関心から引き離した認知心理学の最初期の先駆者のひとりである。

ある有名な実験でブルーナーは、人の対象知覚は彼がよぶところの「行動決定因子」、とくに知覚対象の社会的価値やその（社会的価値のある）対象への個人的必要性に影響を受けるという仮説を検証した。これはいうほど複雑ではない。ようするにブルーナーは、対象に社会的価値がある場合、人の対象知覚が強められるかどうか――つまり、より強烈になるかどうか――、また、社会的価値があるということが、知覚者がその対象を必要とする度合いに影響をあたえるかどうかを知りたかったのである。

ブルーナーはこの仮説を、ふたつの子どものグループ――ひとつは裕福な家庭の子どもで、もうひとつは貧しい家庭の子ども――を使って検証した。この2グループに1セント銅貨、5セント白銅貨、10セント硬貨、25セント硬貨、50セント硬貨の大きさを推測させ、2グループを比較し、さらに、硬貨とまったく同じサイズにつくった厚紙製の灰色の円盤の大きさを推測させた統制群［比較対照のための参加者または被験者］とも比較した。

この実験の結果は、ブルーナーの仮説を強力に裏づけた。硬貨の価値が高くなればなるほど、実際の大きさと比較して、また統制群が推測した厚紙製の円盤の大きさと比較して、サイズを大きく見積もったのである。さらに、貧しい子どものグループは裕福な子どものグループよりも、大きく判断したこともわかった。これは知覚がたんに、入ってくる感覚刺激に受動的かつ予想されたとおりに反応する神経系の問題ではなく、「その人を構成する力学的体制」と密接に結びついた能動的過程であることを示唆している。

ジェローム・ブルーナーは当然ながら、認知革命の立役者のひとりとみなされている。その業績には、認知心理学、発達心理学、教育心理学、言語心理学の分野における重要な研究がふくまれる。

生年
1915年、ニューヨーク州ニューヨーク、アメリカ

ブルーナーは認知心理学の初期の先駆者で、感覚と知覚は受動的過程ではなく、能動的過程であることを研究によって証明した。

ハンス・アイゼンク
パーソナリティの3次元を提唱

Hans Eysenck

生年
1916年、ベルリン、ドイツ

没年
1997年、ロンドン、イギリス

ドイツ出身の心理学者ハンス・アイゼンクは、ほとんど駆け出しのころから物議をかもし、心理療法や精神分析を攻撃して主流派にゆさぶりをかけ、また遺伝、人種、知能にかんする痛烈な意見でリベラル派を憤慨させた。評価は二分されるが、アイゼンクが心理学の分野に、とりわけパーソナリティの研究をつうじて重要な貢献をしたことは疑いようがない。

アイゼンクは、パーソナリティを３つの主要な次元――内向／外向、神経症的傾向／安定、精神病質傾向／衝動抑制――に分けた。そのどれもが性格を表すパーソナリティ特性と結びついている。たとえば、外向型の人は社交的で、口数が多く、刺激を求める傾向があり、それに対し内向型の人は、無口で、非社交的で、内気だ。神経症的傾向の値が高い人は、不安感が強く、不機嫌で、怒りっぽく、それに対し神経症的傾向の値が低い人は、おだやかで、くつろいでいて、理性的だ。また精神病質傾向の値が高い人は、攻撃的で、反社会的、それに対し精神病質傾向の値が低い人は、思いやりがあり、共感的である。

アイゼンクのアプローチのもっとも興味深い側面は、おそらくこの３次元を徹底して生物学的に説明していることだろう。ようするに彼は、パーソナリティは先天的な脳の覚醒水準に関係しており、たとえば、内向型の人は生まれつき覚醒水準が高く、それに反して外向型の人は生まれつき水準が低いと考えていた。これはつまり、内向型の人は覚醒の最適水準――それ以上覚醒すると不快になるポイント――に達するのが、外向型の人より早いということだ。そのため内向型の人は、刺激が強すぎる環境や状況を避けようとする。一方、外向型の人は覚醒の最適水準に達しにくいため、刺激の多い状況を探し求めるのである。

アイゼンクは似たような主張をパーソナリティの神経症的傾向についても行なっている。神経症の人は、攻撃性、恐怖心、セックスといった情動状態の制御をつかさどる大脳辺縁系の活動がより活発だと彼はいう。このせいで神経症の人は、辺縁域の活動水準が低く情動的に安定している人よりも、ささいな失敗に対してストレス反応を受けやすくなるのである。

おおいに物議をかもした**アイゼンク**は、パーソナリティを3つの主要な次元に分け、徹底して生物学的に展開されたパーソナリティ理論によって、いまなお影響をあたえつづけている。

ベンジャミン・リベット
前意識的意思決定を研究

Benjamin Libet

生年
1916年、イリノイ州シカゴ、アメリカ

没年
2007年、カリフォルニア州デーヴィス、アメリカ

アメリカの神経心理学者ベンジャミン・リベットは、1980年代に行なった一連の実験でもっとも知られ、その実験は、人の意思決定は意識に制御されているとする考えに疑問を投げかけた。この実験のきっかけは、意識的動作に先行して脳内の電荷が増加する現象（準備電位）が発見され、意思決定はたんに無意識の脳の活動にすぎないという当惑するような可能性がもちあがったことだった。

この準備電位が、人が動作をしようと意識する前に起こるかどうかを検証するため、リベットは被験者に脳波計（EEG）をつけて、手首を曲げるなどの単純な動作をいつでも好きなときにするよう指示した。くわえて、動かそうと最初に意識したときの時計の針の位置も記録してもらった。この結果、リベットは3つのデータ――動作をした時間、被験者が動作をしようと意識した時間、準備電位が現れた時間（EEGを使って測定）――を得た。

実験から、準備電位は被験者が動作をしようと意識する約350ミリ秒前に脳で起こることが明らかになった。この結果を受けてリベットは、「自発的動作は、まず脳で無意識のうちにはじまるらしい」という驚くべき結論を導きだした。

リベットはこのことが、意識的意思が意思決定プロセスではたす役割を完全に排除するとは考えなかった。動作しようという意識は、実際に動作をする150ミリ秒前に起こる。リベットによれば、これは意識的意思が、起こりうる動作に拒否権を行使するのに十分な時間だという。

リベットは、実験室実験で発見した無意識的な脳処理と自発的動作との時間的関係は、日常のより複雑な意思決定状況にもあてはまると考えていたが、だからといって自由意思の考えをすっかりすてさることは否定した。それどころか、あいまいな自由意思のほうが、決定論者の理論［すべての事実、出来事は自然法則で解釈できるとし、人間の自由を認めない立場］による否定にくらべれば、まだましな科学的選択肢だと主張した。

リベットは、意思決定しようと意識する前に脳で電位変化が起こることを実証し、人間の自由意思にかんする論争に新たな要素を導入した。

アルバート・バンデューラ
社会的学習理論を展開

Albert Bandura

生年
1925年、アルバータ州マンデア、カナダ

アルバート・バンデューラが1950年代、スタンフォード大学に勤務していたときに最初に展開した社会的学習理論は、学習はその人の直接行動の効果をつうじてだけでなく、モデリング（すなわち模倣）によっても成立するという命題にもとづいている。簡単にいえば、他者を観察することによって、人は学習するということだ。1961年のボボ人形（風船人形）の実験は、心理学史上もっとも有名な実験のひとつで、この主張を裏づける強力な証拠をあたえている。

バンデューラと同僚は3〜6歳の子どもたちに、大人のモデル（俳優）がボボ人形に暴力をふるうようすを見せた。そしてこの子どもたちのグループは、そのあとボボ人形と遊ばせたときに統制群よりも高い攻撃性を示すだろうと仮定した。実験の結果はこの仮説を裏づけた。暴力的なモデルを見せられた子どもは、観察した行動をそっくり再生する傾向があったのである。

社会的学習理論の大前提は単純明快だが、細部は複雑だ。バンデューラは、モデリングが成立するために欠かせない要因をいくつか明らかにしている。まず学習したければ、モデルで示された行動に注意をはらわなければならない。さらに観察した情報を保持しておくため、確実に体系化し、心のなかで反復したり復習したりしなければならない。そして情報を保持したら、今度はそれを再生できなければならない。最後に、学習した行動を再生しようという気にならなければならないのである。

動機づけは、学習と行動遂行との区別を説明するカギである。強化と罰は、代理的に体験するだけでも重要な動機づけになる。1965年のボボ人形の実験でバンデューラは、暴力的なモデルが乱暴な行動をきびしくとがめられるのを見た子どもは、そのあと人形と遊んだとき暴力的な行動を再生する確率がかなり低いことを発見した。バンデューラによれば、これは、強化と罰が学習の成立にかならずしも必要でない一方で、行動の遂行には必要な場合があることを示しているという。バンデューラの社会的学習理論は多大な影響をおよぼしており、とくに攻撃性や反社会的行動へのメディアの影響を調査するのに利用されている。

社会的学習理論の発案者である**バンデューラ**は、人が他者を観察するだけで学習できることを証明し、行動主義的な学習モデルに異議を唱えた。

ノーマン・ゲシュヴィント
脳と心の関係を探究

Norman Geschwind

生年
1926年、ニューヨーク州ニューヨーク、アメリカ

没年
1984年、マサチューセッツ州ボストン、アメリカ

アメリカの神経学者ノーマン・ゲシュヴィントは、高次の認知機能——とりわけ言語——とそれを支配する神経学的過程との関係に興味をそそられた。このきっかけは、1950年代末に神経科医として勤務していたボストンVA病院で、失語症患者——言語を明確に話したり理解したりできない人びと——の治療を手がけたことだった。これがキャリアの方向性を決め、ゲシュヴィントは機能障害を起こした脳にかんして非常に重要な研究を数多く行なった。

脳腫瘍患者「P・J・K」にかんする初期の研究は、ゲシュヴィントのアプローチ全般の特徴をよく示している。患者は41歳の警察官で、治療のため入院していたのだが、めずらしい症状が数多く見られた。たとえばこの患者は、右手ではふつうに字が書けるのに、左手では書くことができなかった。また左手である物体をもてば、目に見えない状態でも、その適切な使い方を理解して操作することができたにもかかわらず、その物体を正確に言葉で説明することはまったくできなかった。くわえて、右手ではいくつかあるなかからその物体を選びだすことができなかったが、そのあと左手では、選びだすことも描くこともできた。さらによく見られたのは、左手だとひんぱんに言葉による指示をまちがうのに、右手ではこうした問題がいっさいなかったことだ。

ゲシュヴィントと同僚のイーディス・キャプランは、この神経学的欠陥のパターンは十中八九、ふたつの大脳半球の離断によるものだと主張した。P・J・Kは片半球だけで自律的にこなせる課題は遂行できたが、両半球間で情報を伝達する必要のある課題になるととたんに四苦八苦した。ゲシュヴィントは、この現象の原因は脳梁——ふたつの大脳半球を相互に連絡している神経繊維の束——の損傷だと仮定した。

おそらくこの種の研究のもっとも重要な点は、ただたんに脳がうまく働かなくなる理由を理解できるだけではないことだろう。つまり、神経学的機能不全を理解すれば、正常に機能しているときの脳の働きも、すくなくとも一部は理解できるようになるのである。

ゲシュヴィントは、高次の認知機能とそれを支配する脳過程との関係を、機能障害を起こした脳を観察することによって研究した。

ドナルド・ブロードベント
選択的注意を研究

Donald Broadbent

生年
1926年、バーミンガム、イギリス

没年
1993年、アリスバーリー、イギリス

イギリスの心理学者ドナルド・ブロードベントは、20世紀なかばに伝統的心理学に起こった、行動主義からの脱却の中心的人物だった。とくに50年間ほとんど無視されていたトピック、注意にかんするその画期的な研究は、心が情報を獲得・処理・貯蔵する方法への関心が急激に高まりつつあることを示していた。

ブロードベントのおもな研究上の関心は選択的注意で、これは情報のなかから特定のものにだけ注意を集中し、関係のないものはすべてフィルターでろ過して排除する能力のことをいう。認知科学者のコリン・チェリーとともに、ブロードベントはこの現象を研究するための手続きとして、両耳分離聴を開発した。この手法では、被験者にふたつの聴覚情報をヘッドフォンで左右の耳にそれぞれ提示する。そしてそのどちらかの聴覚情報に注意を向けてもらい、聞こえたらすぐに声に出して反復――追唱（シャドーイング）――するよう指示する。

この手法をもちいて1950年代に行なわれた実験では、人は追唱しなかった情報をほとんど処理しないことが明らかになった。話し手が男性か女性かはわかるかもしれないが、話の内容はおろか、そのメッセージが逆回転されていたかどうかさえわからないのだ。

ブロードベントは選択的注意の初期のフィルターモデルを提唱して、この現象を説明しようとした。そして、脳がすべての感覚入力を処理できるのであれば、そもそも選択が生じるはずがないと主張した。したがって選択が生じるという事実こそが、脳が「容量限界チャネル」である証拠であり、そこでは選択システムによってメカニズムが効率的に使われていると考えた。選択は、感覚入力の特性（その空間的位置など）を利用して処理する情報だけを分離しほかはすべてすてさる、フィルターの働きによって生じる。そのあとフィルターは選択した情報を「容量限界チャネル」に伝達し、そこで情報は内容と意味にもとづいて処理される。

ブロードベントのモデルは、脳を情報処理システムとして理解しようとする最初期の試みである。しかしあらたに明らかになった証拠は、その具体的主張に疑問を投げかけている。それでも、ブロードベントのアプローチ全般があたえた影響は疑う余地がなく、それは今日、認知心理学とよばれるものの初期の手本となっている。

ブロードベントは選択的注意の初期のフィルターモデルによって、脳は「容量限界チャネル」であり、感覚器官から入ってくる情報の大半をすてさり、残ったものを処理すると提唱した。

ノーム・チョムスキー
普遍文法を発見

Noam Chomsky

1957年に出版された言語理論の名著『文法の構造（Syntactic Structures)』のなかで、ノーム・チョムスキーは当時優勢だった行動主義的な言語獲得理論——子どもは訓練と経験の結果として言語を発達させる——を批判し、人間には生得的に、言語構造の基本原理を理解する能力がそなわっていると主張した。

くわしくみていくと、ノーム・チョムスキーの理論は気が遠くなるほど複雑だ。とはいっても、それがどのように機能するかおおまかに理解することは可能である。まず理解すべきポイントは、言語がふたつの異なるレベルで機能していることだ。たとえば次のふたつの文、「ネコがネズミにシューとうなった」と「ネズミはネコにシューとうなられた」について考えてみよう。これらの文は表層構造が異なっているが、深層構造レベル——意味レベル——ではまったく同じである。

チョムスキーは、人間には言語のこのふたつのレベル間を容易に行き来できる能力が生まれながらにあると主張する。人が新奇ながら意味のある文を構成できるのは、深層構造（意味レベル）を表層構造（特定の発話レベル）に変形することができるからなのだ。この変形の厳密なメカニズムは、自分がいいたいことの意味を特定の語や句に変形できる「変形文法」をよりどころにしている。簡単にいえば、人の言語能力は、言語の表層および深層構造のあいだ——すなわち、特定の発話レベルと意味レベルのあいだ——の行き来を可能にしている、一連の生得的、普遍的、抽象的な法則にもとづいているということなのだ。

子どもたちがそれまでに接した文の数が、彼らが生成できる文の数のほんの一部であることを考えると、チョムスキーのような見解を裏づける証拠には説得力があり、それは、それに代わる考え——言語獲得は正しい言語運用の選択的強化によって生じる——に説得力がないからなおのことである。

チョムスキーの変形文法についての考えは、おそらく細部にかんしては多数意見ではないかもしれないが、20世紀後半の言語学に一大変革をもたらした。現在では、チョムスキーは社会的な主張のほうがよく知られているが、記憶されるのは言語理論への貢献であることはまちがいない。

生年
1928年、ペンシルヴェニア州フィラデルフィア、アメリカ

チョムスキーは、人の言語能力は、言語の深層構造（意味レベル）を特定の語や句に変形できる生得的な能力に根ざしていると主張した。

ジョージ・スパーリング
アイコニック記憶を発見

George Sperling

アメリカの認知心理学者ジョージ・スパーリングは1960年代はじめ、今日「アイコニック記憶」とよばれる、すぐに消失する視覚情報保存の存在を実証し、その研究で一躍有名になった。

スパーリングの画期的な研究は、「たった１度の短時間の提示で、人はどのくらい見ることができるか？」という疑問に答えを出すために行なわれた。彼がいう「短時間」とは非常に短い時間のことで、たとえば、電光のひらめきに一瞬だけ照らされた場面を説明するよう求められたと想像してみるといい。この疑問の面白さはひとつに、このような短時間の提示のあいだに見たものを報告するよう求められると、被験者は報告できるより多くのものを見たと主張する点にある。これはつまり、人は情報をきわめて短時間だけ保存できるが、すぐに消失してしまうため報告することができないという可能性を提起しているのだ。

スパーリングはこの可能性を1960年、巧妙に構成した実験によって検証した。彼は被験者に３行３列の文字配列を20ミリ秒間だけ提示し、そのあと見えた文字を報告してもらった（全体報告法）。平均して、被験者は約半分の文字を思いだす（想起する）ことができ、これは以前の研究結果と一致していた。だが今回の実験では、あらたに可聴信号を導入し、報告すべき行を音で被験者に知らせるようにした（部分報告法）。すると結果は劇的に向上し、まちがいはほとんどなくなり、９文字すべてが報告可能なことが証明された。ただし、それはほんの短時間だけだった。

ここで浮上した興味深い疑問は、「アイコニック記憶の保持期間はたしてどれくらい短いのか？」というものだ。スパーリングはこれを、報告すべき行を知らせる音を遅らせることで確かめた。すると遅らせた場合、想起の精度がたちまち落ちることがわかった。音がわずか１秒遅れただけで、成績は全体報告の場合と等しくなったのである。

アイコニック記憶の発見から何年にもわたり、スパーリングは「ハードサイエンスの定量的・理論的方法を認知過程の分析に応用」したいという思いから、生理心理学の分野で研究を続けてきた。具体的には、知覚と注意のさまざまな側面に応用できる数学的モデルを数多く開発している。

生年
1934年、アメリカ

スパーリングの研究は「アイコニック記憶」――人間がほんの短時間だけ利用可能な視覚情報保存――の発見をもたらした。

マイケル・ガザニガ

分離脳現象を探究

Michael Gazzaniga

生年
1939年、カリフォルニア州ロサンゼルス、アメリカ

マイケル・ガザニガは1960年代と1970年代に分離脳患者を対象に行なった先駆的研究から、意識的統一がふたつの大脳半球の分離によって分断されるなら、「結合した双子がまったく別個のふたりの人間であるように、まったく別個のふたつの意識的存在」として、同じ脳内にふたつの心が共存する事態になるという急進的な考えをもつにいたった。

患者の脳梁（ふたつの大脳半球をつなぐ神経繊維の束）を切断する分離脳手術は、難治性てんかんの治療としてごくまれに行なわれてきた。この手術をすると、ふたつの大脳半球はたがいに連絡しあえなくなるため、心理学者は両半球のそれぞれの機能を調べることができる。

ガザニガ（と神経生物学者のロジャー・スペリーら）が考案した標準的な実験方法では、視覚刺激をどちらか片方の脳にだけ提示し、そのあと被験者に質問に答えてもらったり、課題を遂行してもらったりする。この研究のもっとも興味を引く結果は、右脳がどれくらい言語を生成・理解する能力に欠けているかだった。たとえば、右脳に写真などを瞬間的に見せると、分離脳の被験者はかならずといっていいほどなにも見えないと答える（言語はおもに左脳が優位であるため）。ところが、そのあと左手（右脳が制御）を使って提示された物体を選びだすよう指示すると、まったく問題なくできる。

右脳が、表現することのできない独自の精神生活をもっているとする考えは、ポール・Sで知られる若い患者を対象に行なった研究によって裏づけられている。ポール・Sは分離脳の被験者のなかではめずらしく、右脳にいくらか言語能力をもっていた。このおかげでガザニガと同僚は、ポールの左右両脳を別々に調べることができた。結果は驚くべきものだった。ふたつの大脳半球はどうやら、おのおの独自の価値体系と優先事項をもっているらしいことがわかったのだ。おそらくもっとも目をひくのは、それぞれの大脳半球が将来の職業についてたずねられて出した答えだろう。左脳は製図工になりたいことを示し、これはポールが以前に口にしていた希望と一致していた。ところが、右脳には別の考えがあった――理想の職業を述べるよう指示すると、「カーレース」と答えたのである。

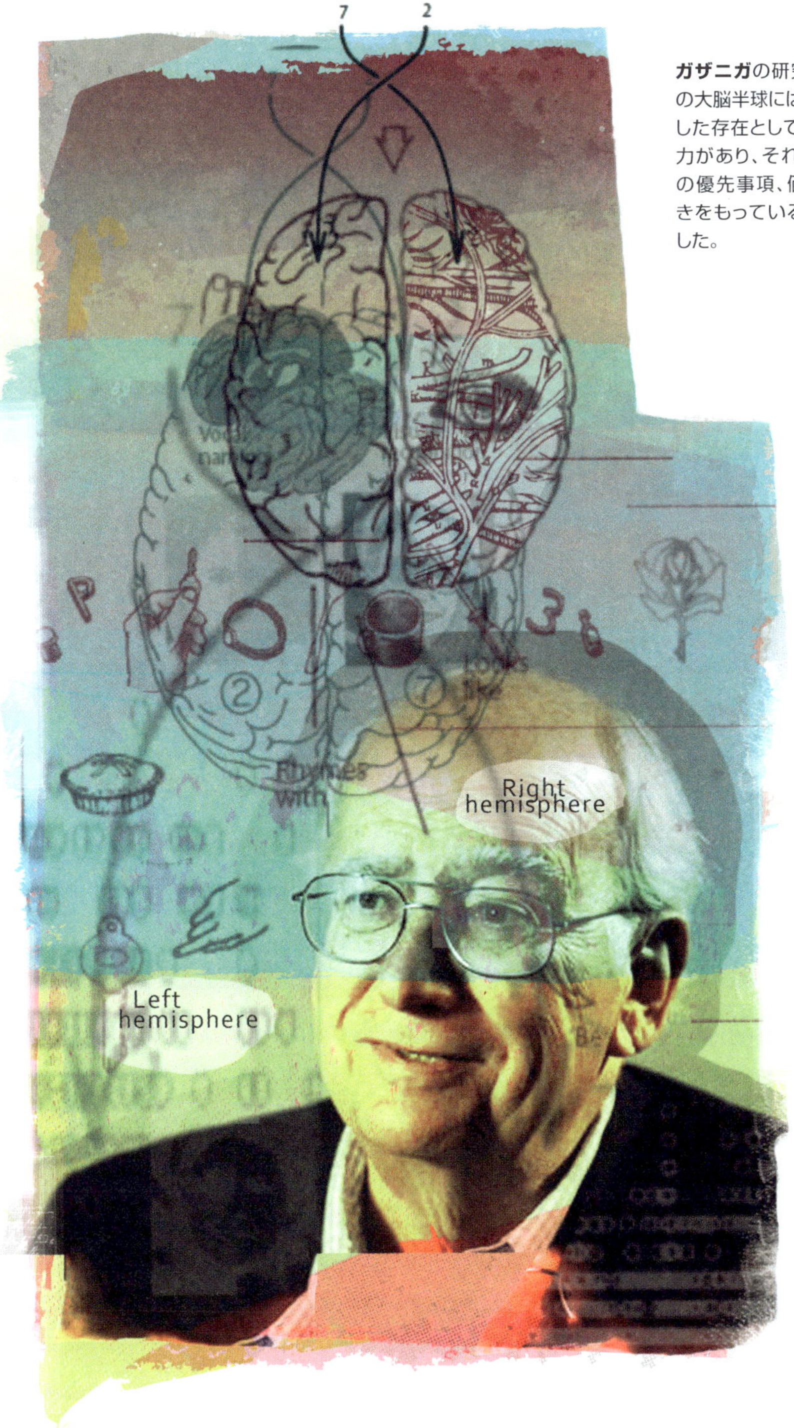

ガザニガの研究は、ふたつの大脳半球には別個の独立した存在として機能する能力があり、それぞれが独自の優先事項、価値体系、働きをもっていることを実証した。

アントニオ・ダマシオ
「ソマティック・マーカー仮説」を展開

Antonio Damasio

生年
1944年、リスボン、ポルトガル

ポルトガル出身の神経科学者アントニオ・ダマシオは、キャリアの大半を脳と情動と理性との関係の探究についやしてきた。とくに「ソマティック・マーカー仮説」を提唱していることで知られ、この仮説によると、情動とその生物学的基質が人間の合理的意思決定能力を支えているとされる。

この仮説を裏づけるもっとも説得力のある証拠が、ダマシオが脳損傷患者を対象に行なった研究から明らかになっている。ダマシオが1994年に出版した著書『デカルトの誤り――情動、理性、人間の脳』のなかで論じている「エリオット」の症例は、とりわけ印象的だ。

エリオットの問題は、前頭前皮質の腹内側部に損傷をあたえていた脳腫瘍を切除する手術を受けたあとからはじまった。手術をする前、エリオットは成功したビジネスマンだったが、手術後、単純な決断さえくだせなくなり、彼の人生は見るまに破綻をきたしはじめた。なにを着るべきか決められないために、朝は身支度を整えることができず、簡単なアポイントメントをとるのに30分もかかり、昼食をとる店を選ぶのに夕食時までかかることもあった。

奇妙にも、エリオットには一般的な認知障害の症状はまったく見られなかった。ダマシオの報告によれば、エリオットは知性が高く、能弁で、社会規範や倫理観もしっかり身についていたという。しかしダマシオは、エリオットがどうも感情にとぼしいことに気がついていた。とくに、自分がおかれた苦境に対して動揺しているようには見えなかったのである。そこでさらに調べてみたところ、これこそが問題の根本原因であることがわかった――なんと、エリオットは情動のない世界に住んでいたのである。

ダマシオは、情動は意思決定にとってなくてはならないものだと主張する。というのも情動には、単純な決断をするときでさえつねに直面するさまざまな選択肢をしぼりこめるよう、手がかりをあたえる働きがあるからだという。だからエリオットが、朝に身支度を整えることがよい考えなのか瞬時にわからなかったのは、その選択をしなければ当然感じるはずの羞恥心がまったくなかったからなのだ。これはつまりエリオットの場合、なんらかの決断をするためには、そのつど極端に複雑な意思決定計算をしなければならなかったということなのである。

情動は意思決定プロセスにとって重要であるとするダマシオの考えは、もはや神経科学者や心理学者のあいだではとくにめずらしいものではない。しかしそれは、情動がつねに理性のアンチテーゼとみなされるより広範な主流文化においては、あいかわらず周辺的意見にとどまっている。

ダマシオの「ソマティック・マーカー仮説」は、情動はそれが欠如すると意思決定の麻痺がひき起こされるほど、意思決定プロセスにとって重要だとする。

エリザベス・ロフタス
誤記憶症候群を提唱

Elizabeth Loftus

生年
1944年、カリフォルニア州ロサンゼルス、アメリカ

アメリカの認知心理学者エリザベス・ロフタスは一般に、存命する心理学者のなかでもっとも影響力のあるひとりとされている。その研究のおもなテーマは、記憶がどのような場合にゆがめられるかについてで、これは目撃証言や誤記憶症候群といった現象を理解するうえできわめて重要なものとなっている。

ロフタスは多くの古典的研究を創始し、その最初期のもののひとつでは心理学者のジョン・パーマーとともにふたつの実験を行ない、人は交通事故のような複雑な出来事の詳細をどれくらい正確に記憶するかについて調べている。

最初の実験では、被験者は交通事故のようすを映したビデオ映像をいくつか見せられ、そのあとそれらの事故について一連の質問をされた。カギとなる質問は、肝心な個所をさまざまに変化させて行なわれた。被験者の半分は、自動車は「ぶつかった」ときどのくらいのスピードで走っていたかたずねられ、残りの半分への質問には「ぶつかった」に代わる別の言葉——激突した、衝突した、ドスンとあたった、接触したなど——がもちいられた。これは、使われた言葉がスピードの推測に影響をあたえるかどうかを調べるためのものだったが、結果はまさにそれを裏づけた。たとえば、「衝突した」という言葉の平均推測値がわずか時速50キロ強だったのに対し、「激突した」という言葉のほうは時速65キロだったのである。

２回目の実験では、言葉が記憶に影響をあたえるかどうかについてより焦点をしぼった質問がなされた。手続きは前回と同じだが、今回は被験者に１週間後、事故についていくつか関連質問に答えてもらった。カギとなる質問は、「割れたガラスを見ましたか？」だった。事故の映像には、割れたガラスはまったく映っていなかったが、ロフタスは「激突した」という質問を前回受けた被験者のほうが、「ぶつかった」という質問を受けた被験者よりも多く、割れたガラスを見たと答えるだろうと予測した。これもやはり、結果はそのとおりだった。ロフタスは、「激突した」という言葉を使うことで実験者は事故に先入観をあたえ、その結果「事故の記憶表象が、言語ラベルによって示唆された表象により類似した方向へと変容した」と結論づけた。

記憶が実際の出来事のあとにあたえられた外部からの情報に影響を受けうるという事実は、あきらかに、人の想起が正確かどうかを判断しなければならない場合、きわめて重要になる。ロフタスの研究が過去50年間に行なわれたもっとも重要な心理学研究のひとつとされるのは、こうした実際的な事情によるものなのである。

ロフタスの研究は、人の記憶が出来事の発生のずっとあとにあたえられた情報に影響を受けうること、そしてこれが目撃証言や誤記憶症候群といった現象に関連していることを証明した。

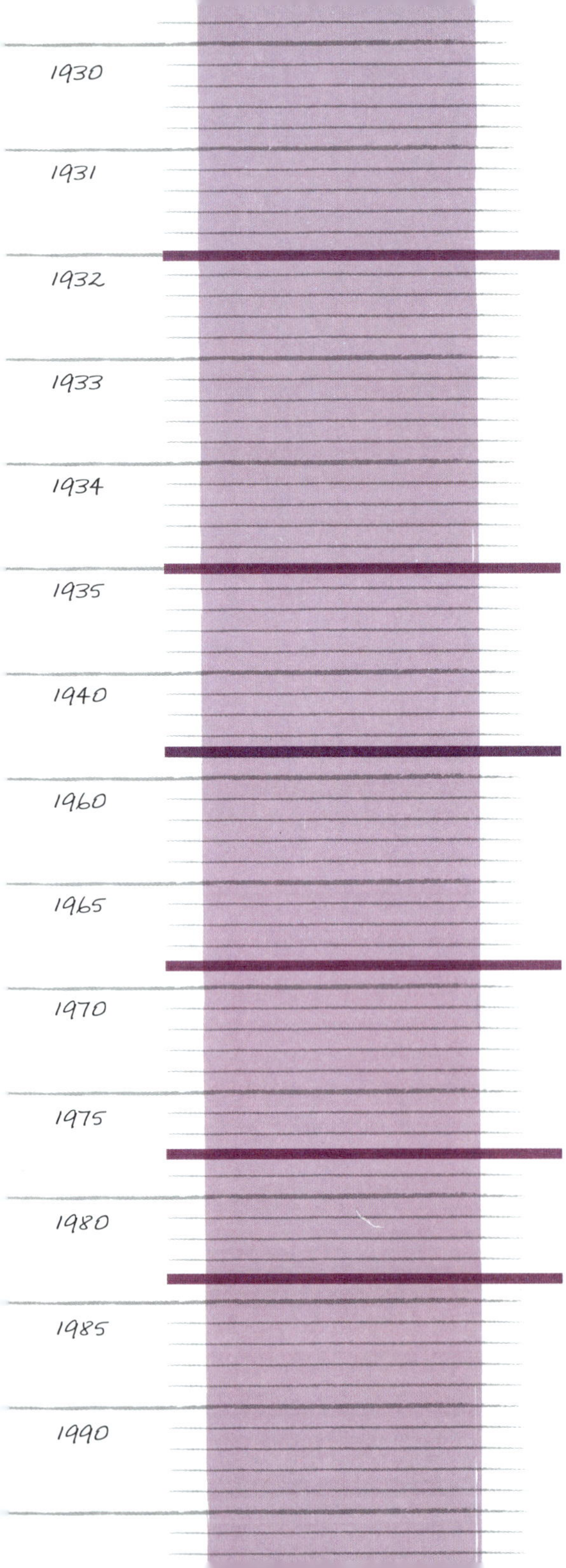

ジャン・ピアジェ『児童道徳判断の発達（The Moral Judgment of the Child）』（1932年）

レフ・ヴィゴツキー『思考と言語（Myshlenie i rech [Thought and Language]）』（1934年）

エリク・エリクソン『幼児期と社会（Childhood and Society）』（1950年）

ジョン・ボウルビー『母子関係の理論（Attachment and Loss）』（1969年）

メアリ・エインズワース、メアリ・ブレア、エヴェレット・ウォーターズ&サリー・ウォール『愛着の型（Patterns of Attachment）』（1978年）

ローレンス・コールバーグ『道徳性発達の心理学（The Psychology of Moral Development）』（1984年）

第3章
誕生から死まで

発達心理学は、別個の分野として1930年代から1940年代にかけて登場した。これは、誕生から死までの個人の行動的・認知的変容を研究対象とする。この章では、ジャン・ピアジェ、ローレンス・コールバーグ、エリク・エリクソンの発達理論を考察するとともに、ジョン・ボウルビーやメアリ・エインズワースのような心理学者が乳児の愛着の問題をどのようにあつかっているかもみていく。

すべては遺伝によるものか？

人間の思考と行動が生まれによるものか、あるいは育ちによるものか（すなわち、遺伝か環境か）にかんする論争は、心理学全体においてもっとも意見の分かれるもののひとつである。多くのことがこの論争にかかっているのだから、これも当然だろう。たとえば、知能がおもに遺伝形質ということになれば、社会的不平等は遺伝子にきざまれているという可能性が出てきて、どれだけ教育したところで生まれもった能力の不足をおぎなえないことになる。

この論争の両極にある心理学者を見つけるのはたやすい。たとえば心理学者のアーノルド・ゲゼルは、発達心理学――成熟過程が思考と行動にあたえる影響を研究――の最初期の先駆者のひとりだが、徹底した生物学的発達理論に傾倒していた。チャールズ・ダーウィンの思想に感化され、発達過程にあたえる遺伝子のいかんともしがたい影響を強調し、親にも教師にもそれを変えるためにできることはあまりないとした。

ゲゼルは、個人の発達過程は身体的にも心理的にも、生まれる前に定められていると考えていた。個人の行動様式、パーソナリティ、心的能力は、身体的成長のパターンとまったく同じように遺伝形質だとした。文化があたえる影響は否定しなかったが、個人の遺伝子的構造が、「どのように、なにを、どれくらい、いつ」学習するかを決定すると主張した。

この考えと、ジョン・B・ワトソンの行動主義的学習論の極端な環境決定論をくらべてみるといい。ワトソンはよく知られているように、健康な乳児１ダースと、その子どもたちを育てるための彼独自の特殊な環境をあたえてもらえれば、「無作為にどの子かを選び、その子を訓練して、わたしが選んだどんな専門家、医者でも、弁護士でも、芸術家でも、大実業家でも、そう、物乞いや泥棒にさえも、その子の才能、嗜好、能力、素質、血統に関係なく、きっとし

「わたしは断固として、人は平等に生まれるとする主張に異議を唱える。保育園、学校、大学（中略）での経験が、その反対の主張が正しいことをことごとく証明している」

フランシス・ゴールトン

てみせよう」といった。この考えによれば、遺伝は無関係で、学習は正しい刺激反応結合を条件づければよいことになる。

今日では、これらの考えはどちらも正しくないことがわかっている。実際、特定の個人にかんしては、その発達の遺伝的・環境的側面を分離することはむずかしい。この点の複雑さは、ピアジェの有名な認知発達理論に明らかだ。

ピアジェは、後述するように、人間には特定の認知能力の発生を支配する、遺伝的に決定された予定表があると主張した。ただし発達過程そのものは、生物学的成熟と環境的経験との複雑な相互作用の関数である。簡単にいえば、生物学は認知発達過程を可能にする装置を提供するが、発達は、解決すべき難問をもたらす環境に個人が直面してはじめて生じるのだ。だからピアジェは、知能は「その人と外界との持続的な相互作用によって構成される一連の構造」だと説いた。

生まれか育ちかの問題は、まったく決着がついていない。今日、極端な遺伝主義も極端な環境主義もどちらも現実的な選択肢とみなされていない点では進歩があったわけだが、遺伝子と環境がはたす明確な役割にかんする論争は、依然としてくすぶりつづけている。

ジャン・ピアジェ
認知発達を研究

Jean Piaget

スイスの心理学者ジャン・ピアジェが、この学問分野の傑出した人物のひとりであることは疑う余地がない。認知発達の研究で名高く、とくに、人間の知的能力は遺伝的に決定された予定表にしたがって発達するという説で知られる。ピアジェによれば、子どもと大人は質的に異なる方法で自分の環境を理解し、それと相互作用するという。

ピアジェは発達を４段階に分けた。感覚運動期（０～２歳）の特徴は対象の永続性の成立で、これは、対象物が自分とは別個の独立した存在だと認識することである。これに続くのが前操作期（２～７歳）で、この時期子どもは、言語をふくめ、象徴（シンボル）をもちいたり操作したりする能力を発達させる。この時点では、直接経験したものを超えて一般化する能力はまだ発達していないので、子どもはまだ論理原則を適用することはできない。こうした能力は３つめの具体的操作期（７～11歳）に現れはじめ、この時期にはさらに自己中心的な傾向も薄れていく。それはひとつに、自分以外の視点が存在することを子どもが認識するからである。最後の形式的操作期は一般に11～15歳にはじまり、文脈から切り離された抽象的な思考ができるようになるのが特徴だ。ピアジェによれば、ほぼすべての人が20歳になるまでにこの発達段階に達するという。

ピアジェは、知能の発達はとくに同化、均衡化、調節の過程によって促進されると主張した。つまり、子どもは行動シェマ（認識の枠組み）や心的シェマをもちいて、外界を理解するというのだ。子どもはまったく新しい現象に出くわすと、その経験を既存のシェマに同化できないため、不均衡化状態になる。この障害を克服する方法が、新しい経験に適合するように既存のシェマを変更することで、それによって均衡化状態を回復するのだ。こうした適応過程によって、一般に知能は発達するのである。ヴィゴツキー、コールバーグをはじめとするじつに多くのすぐれた心理学者が、ピアジェの思想に影響を受けているという事実は、彼がいかにこの学問分野にとって重要な人物であるかを示している。

生年
1896年、ヌーシャテル、スイス

没年
1980年、ジュネーヴ、スイス

ピアジェはその発達理論で知られ、それによれば、人間の認知的成熟は段階的に起こり、遺伝的に決定された予定表に支配されているという。

レフ・ヴィゴツキー
発達の社会的側面を探究

Lev Vygotsky

生年
1896年、オルシャ、ロシア

没年
1934年、モスクワ、ロシア

ソヴィエトの心理学者レフ・ヴィゴツキーの思想は、西欧に直接影響をあたえることはなかった。それはひとつに、ヴィゴツキーが自国語のロシア語で執筆したせいであり、また彼の著書が20世紀なかば、ソヴィエト当局によって発禁にされたせいでもある。1960年代はじめに『思考と言語』が出版されてようやく、その研究が広く知られるようになり、今日、ピアジェに次ぐ重要な発達心理学者とみなされている。

ヴィゴツキーの研究は、37歳という若さで亡くなったことから断片的で不完全ではあるものの、重要なテーマや考えを数多く確認することができる。おそらくもっとも重要なのは、認知発達とは完全に社会的・文化的な性質のものだという主張だろう。とくヴィゴツキーは、推論や言語といった高次精神機能は、具体的な社会経験から生じると考えていた。

ヴィゴツキーの発達の最近接領域（ZPD）の概念はこれに関連している。彼はこの概念を「自力で問題解決できる実際の発達水準と、大人の指導を受ければ問題解決できる潜在的な発達水準とのズレの範囲」と定義した。これはいうほど複雑ではない。ようするにZPDとは、子どもの認知能力を超えたところにあるスキルのうち、親や教師などより知識のある他者の助けがあれば習得できるものをさしているのである。この意味では、発達は学習の次にくることになる。つまり、正しく指導すれば、子どもは目下の発達段階に先だってスキルを学ぶことができるのだ。

学習過程が社会的なのは、それが社会的なやりとりの文脈内で成立するせいだけでなく、学習の援助にもちいられるメカニズムが、文化の歴史に完全に組みこまれているからである。だから、たとえば人は、知的能力を発達させるためにさまざまな文化的ツールを利用するわけで、その最たるものが言語だとヴィゴツキーは指摘する。ヴィゴツキーの思想は、ジャン・ピアジェのそれと対比されることが多い。どちらも、発達は子どもが環境に能動的に働きかけた結果として生じることでは見解が一致しているが、ヴィゴツキーは指導的学習と文化的要因の影響により重要な役割をになわせている。

ヴィゴツキーの発達理論は、発達過程における文化的・環境的要因の重要性、とりわけ指導的学習を促進するうえでの親と教師の役割の重要性を強調している。

エリク・エリクソン

Erik Erikson

アイデンティティ危機の概念を展開

生年
1902年、フランクフルト、ドイツ

没年
1994年、マサチューセッツ州ケープコッド、ハリッジ、アメリカ

ドイツ出身のアメリカの心理学者エリク・エリクソンは、発達段階理論でもっともよく知られる。この理論によると、人間は一生のあいだに８つの心理社会的な段階を経験し、それぞれの段階で対立するふたつの結果、適応的解決（成功）と不適応的解決（失敗）との葛藤が生じるとされる。

８つの心理社会的段階とは、「基本的信頼」対「基本的不信」（０～１歳）、「自律性」対「恥と疑惑」（１～３歳）、「自発性」対「罪悪感」（３～６歳）、「勤勉」対「劣等感」（６～11歳）、「アイデンティティ（自我同一性）」対「役割拡散」（12～18歳）、「親密さ」対「孤独」（18～35歳）、「生産性」対「停滞」（35～64歳）、「自我統合」対「絶望」（65歳～）である。

青年期に起こる「アイデンティティ」対「役割拡散」の段階に注目すると、エリクソンの理論がどのように機能しているかがだいたいわかる。エリクソンによれば、青年期のもっとも重要な課題は、アイデンティティを確立することだという。これには確固とした統合された自己意識を形成することが必要とされ、ふつうは将来の職業や人生における役割を明確にすることで達成される。

しかしアイデンティティ危機（エリクソンがつくったとされる用語）の可能性が、青年期をつうじて大きく立ちはだかる。それは、児童期に形成したアイデンティティでは、もはや個人が成人期に移行する際に十分ではないからだ。新たなアイデンティティを形成できないと、役割拡散におちいり、これは行動の不適応パターンの多くと結びつく。

おそらくもっとも劇的なのは、役割拡散が青年に、異常行動や非行的行動を特徴とする否定的アイデンティティを選択させる場合があることだろう。これは極端な反応ではあるが、このようなことが起こりうるのは、一貫したアイデンティティを確立できなかった結果として生じる孤立や疎外感にくらべれば、否定的アイデンティティのほうがまだましだからなのだ。

エリクソンは、各段階の要求を満たさなければ、次の発達段階に進めないとは考えていなかった。ただし、一定の適応的解決を達成できなければ、長引く問題をひき起こしかねないと主張していた。たとえば幼児が、最初の２段階で適切な水準の基本的信頼と自律性を学ぶことができなければ、大人になるにしたがって信頼問題を抱えることになるだろう。

それぞれの発達段階において危機の解決を課されるというエリクソンの考えは、大きな影響をおよぼし、とりわけ青年期研究の分野でおびただしい研究が生みだされることになった。

エリクソンは人生を8つの発達段階に分け、人はそれぞれの段階において心理社会的な危機の解決を課されると主張し、なかでもアイデンティティの確立を重要視した。

ジョン・ボウルビー
愛着理論を確立

John Bowlby

生年
1907年、ロンドン、イギリス

没年
1990年、スカイ島、イギリス

イギリスの心理学者ジョン・ボウルビーは、キャリアの大部分を母親と乳児の研究についやした。この研究の成果が愛着理論で、この理論は心理学者の母子関係に対する考え方を変えるとともに、母子の絆が分離によって引き裂かれた結果生じうる弊害を浮き彫りにした。

ボウルビーの愛着理論は、人間は主たる養育者に対して自分の生存を確実にするような仕方で行動するよう遺伝子にプログラムされているという考えにもとづいている。つまり、乳児がつねに養育者から離れないようにするという行動に進化が報いるのは、その行動によって乳児が生きのび、遺伝子を将来の世代に伝える可能性を高めるからなのだ。

ボウルビーは、子どもは特定のひとりの大人——ふつうは母親——に愛着を形成する傾向があると主張し、この傾向をモノトロピーとよんだ。これは、生後3カ月ころにはじまり2歳くらいまで続く臨界期にもっとも容易に形成される。この時期をすぎると、かりに愛着が形成されなかったとしても、マザリング（母性的養育行動）はほとんど役にたたない。愛着の形成に失敗すると、結果は深刻なものになりかねず、たとえば不安、攻撃、非行などがもたらされることもある。

主たる養育者との温かく親密で継続的な関係が、子どもの心の健康と情緒的安定に必要だとするボウルビーの主張を裏づける証拠は、彼が1944年に44人の窃盗犯を対象に行なった研究のなかに見つかる。この若い犯罪者のうち、5歳になるまでに6カ月以上母親から引き離されていた若者が半数以上いたのに対し、非行歴のない統制群では、それが44人中わずかふたりだった。さらに、ボウルビーが「愛情欠乏性精神病質」——愛着や共感をいだくことができない状態を特徴とする症状——を示しているのを認めた14人の若者のうち、12人が幼児のときに母親から長期間引き離されていた。

ボウルビーが「乳幼児期の母親の愛情は子どもの心の健康にとって、身体的健康にとってのビタミンやミネラルと同じくらい重要である」と述べたのは有名だが、この言葉はこうした証拠にもとづいているのである。

ボウルビーは、乳幼児期に長期間にわたり母子が引き離されると、子どもの心の健康にとり返しのつかない劇的な結果をまねくことがあると主張した。

メアリ・エインズワース

愛着理論を検証

Mary Ainsworth

生年
1913年、オハイオ州グレンデール、アメリカ

没年
1999年、ヴァージニア州シャーロッツヴィル、アメリカ

アメリカ系カナダ人の心理学者メアリ・エインズワースは、ジョン・ボウルビーの主要な協力者として愛着理論を発展させたほか、ストレンジ・シチュエーションを考案したことでも知られる。ストレンジ・シチュエーションとは1960年代末に考案された実験用手続きで、乳児と養育者のあいだに存在するさまざまな愛着の型を明らかにするのにもちいられる。

ストレンジ・シチュエーションはもともと、ストレスの度合いがさまざまに異なる状況での乳児の愛着と探索行動を調べるために考えだされた。実験の手続きではまず、玩具のある部屋に、母親、乳児、見知らぬ人に入室してもらう。次にこの状況を操作し、乳児がさまざまな種類のストレスにどのように反応するかを観察する。この実験には２度の母子分離場面――１度目は母親が乳児と見知らぬ人を残して退室、２度目は乳児をひとりきりにする――と、２度の再会場面――母親がもどってきて乳児をあやしてなだめる――がふくまれる。

ストレンジ・シチュエーション中に乳児が見せた行動にもとづき、エインズワースは愛着を３つの型に分類した。安定愛着型の乳児（全乳児の70パーセント）は、母親がいなくなると苦痛を示すが、母親がいると満足して探索したり遊んだりする。見知らぬ人も多少はあやしてなだめることができるが、母親の代わりにはならない。不安回避型の乳児（15パーセント）は、母親に無関心で、大人がいるかぎり満足して遊ぶ。見知らぬ人でも母親と同じにあやしてなだめることができる。不安抵抗型の乳児（15パーセント）は、母親に対してアンビヴァレント（両面価値的）な態度を示す。母親がいても遊んだり探索したりしたがらず、母親がいなくなると強い苦痛を示す。しかし母親がもどってくると身体接触を求めるものの、実際に母親が触れると、怒りと抵抗を示す。不安抵抗型の乳児は、見知らぬ人が相互作用を試みてもことごとく抵抗する。

乳幼児の愛着の研究方法にストレンジ・シチュエーション法があたえた影響は、どんなに大げさにいってもいいすぎではないだろう。最初に考案されてから40年以上たった現在も、修正され、批判され、議論されている。しかしより一般的には、エインズワースの研究の重要性は、ボウルビーの愛着理論のより広範な主張に説得力ある証拠をあたえている点にある。

エインズワースの有名な、多大な影響力をもつ実験用手続き「ストレンジ・シチュエーション」は、乳児期の愛着形成は信頼と安心感の発達に不可欠だという主張に強力な経験的支持をあたえた。

ローレンス・コールバーグ

道徳性の発達を研究

Lawrence Kohlberg

生年
1927年、ニューヨーク州ブロンクスヴィル、アメリカ

没年
1987年、マサチューセッツ州ウィンスロップ、アメリカ

アメリカの心理学者ローレンス・コールバーグは、道徳性の発達段階理論でその名を知られる。この理論によると、人は異なる知的成熟の段階において、異なる理由づけで道徳的な判断を行なうとされる。これを実証するため、コールバーグは道徳的ジレンマ（板ばさみ）を描いた物語を数多く考案し、そのひとつが次にあげる有名な「ハインツのジレンマ」である。

ある女性が死にかけている。彼女を救える薬がひとつだけあり、それはたったひとつの店で１万ドルで売っている。女性の夫ハインツは金を借りようとするが、薬の値段の約半分しか集まらない。そこで店主のところへ行き、妻が死にかけていることを話し、薬を安く売ってもらえないか、でなければ残金を後払いにしてもらえないかと頼む。店主はそれを断わる。夫は自暴自棄になり、店に押し入って薬を盗む。

こうした物語の重要な点は、到達した判断ではなく、その判断にいたる理由づけの過程である。

コールバーグは道徳性の発達を３水準６段階に分類した。前慣習的水準では、善悪の判断は罰を受けるかどうかで決まり、この水準の第２段階では、行為が報酬をもたらすかどうかで決まる。したがって、たとえば幼い子どもなら、ハインツはおそらくつかまって罰せられるのだから、悪いことをしたと思うかもしれない。

ほとんどの人が青年期に慣習的水準に達するが、この水準では、道徳的な理由づけは社会集団への帰属意識に密接に結びつく。よい行ないは、この水準の第１段階では他者の承認が得られるものと考えられ、第２段階では、社会秩序を維持し、自己の義務をはたすものとみなされる。

コールバーグによれば、道徳性の発達の３つめの水準、後慣習的水準には全体の約５分の１しか到達しないといい、形式はかなり抽象的だ。たとえば、この水準の第２段階における道徳的理由づけは、正義、生命の崇高さ、人間の尊厳性といった普遍的概念が引き合いに出される。コールバーグの思想は、今日も依然として影響力をもちつづけている。その人生と研究の遡及《そきゅう》的評価のなかで、ハーヴァード大学の心理学者ロバート・キーガンは、ハーヴァードの教授陣のうち３人の上級教員の研究がコールバーグの直系だとし、ほかには存命中の人・故人にかかわらず、該当する人物はだれもいないと述べている。

コールバーグは道徳性発達理論を提唱し、それによると、道徳的理由づけの能力は段階的に発達し、最終段階にいたるのは成人に達してからだという。

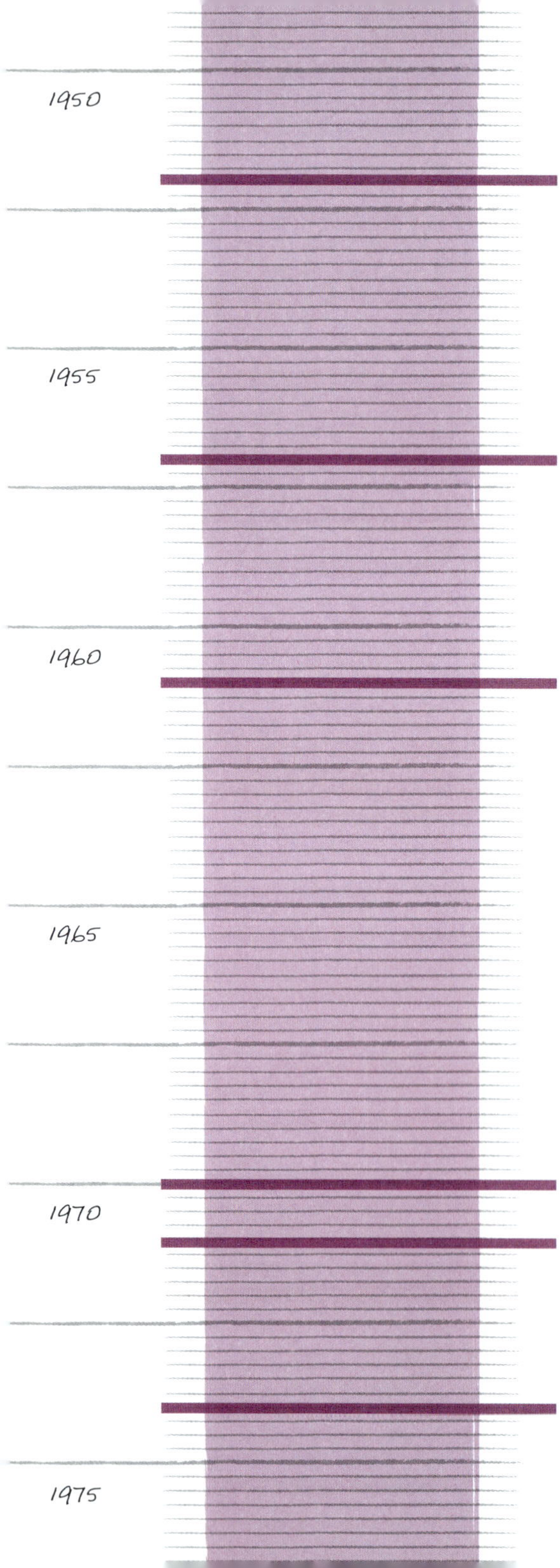

ソロモン・アッシュ『社会心理学（Social Psychology）』（1952年）

レオン・フェスティンガー『認知的不協和の理論（A Theory of Cognitive Dissonance）』（1957年）

ムザファー・シェリフ『集団間の葛藤と協力――ロバーズ・ケーヴ実験（Intergroup Conflict and Cooperation: The Robbers Cave Experiment）』（1961年）

ヘンリ・タジフェル『集団間差別の実験（Experiments in Intergroup Discrimination）』（1970年）

フィリップ・ジンバルドー『監禁の力と病理学(The Power and Pathology of Imprisonment)』（1971年）

スタンリー・ミルグラム『服従の心理――アイヒマン実験（Obedience to Authority: An Experimental View）』（1974年）

第4章
社会的動物

社会心理学は第2次世界大戦直後から心理学の分野で爆発的成長をとげたが、これは個人の思考や行動が他者の存在によってどのような影響を受けるかを研究する学問である。この章では、スタンリー・ミルグラム、フィリップ・ジンバルドーといった心理学者の研究や思想をつうじて、服従、同調、犠牲、集団間葛藤をはじめとする社会的行動についていくつかみていく。

社会心理学と卑しい野蛮人

進化心理学者のスティーヴン・ピンカーは、殺人、レイプ、重傷害、窃盗は世界共通であるため、あらゆる人間社会でみられると指摘する。この見解は、人間は生まれながらに孤独で平和を好むとする哲学者ジャン＝ジャック・ルソーの「高潔な野蛮人」の概念と好対照をなしている。20世紀なかばの破壊的な歴史を考えると、高潔な野蛮人説など一蹴したくなるが、社会心理学の分野で絶滅収容所の恐怖のあとに集められた証拠は、さほど楽観的とはいえないまでも、もっと微妙に異なる見方を示唆している。

社会心理学は、わたしたちの思考や行動が他者や住んでいる社会的環境によってどのような影響を受けるかを研究する心理学の一部門である。世界有数の社会心理学者エリオット・アロンソンは、トリプレットが1898年に行なった、成績が競争によってどんな影響を受けるか調べる実験を、最初の社会心理学研究とみなしている。社会心理学では、心理学者は同調、説得、服従、攻撃、偏見といった現象を研究する。そこから得られた人間の状況にかんする証拠は、なんとも気がめいるものである。本章で後述するように、スタンリー・ミルグラムの実験は、特定の状況下では、わたしたちのほぼ３分の２が他者をすすんで拷問することを明らかにし、ヘンリ・タジフェルの研究は、自分の属する社会集団を犠牲にしてでも、人は外集団の成員を差別しようとすることを実証し、フィリップ・ジンバルドーのスタンフォード監獄実験は、特定の制度的圧力を受けると、人は敵意に満ちた虐待的な行動にはしりやすくなることを証明した。

人がどのようにして愛情ある関係を築くかに目を向けても、皮肉が入りこむ余地がある。たとえば1972年に、99組の世間に認められたカップルを対象に行なったバーナード・マースタインの研究では、にわかカップルにくらべ、こうしたカップルは双方の魅力の

「（前略）人がどのように行動するかは、その人がどんな種類の人間であるかより、むしろその人がどんな種類の状況におかれているかで決まる」

スタンリー・ミルグラム

差がずっと少ないことが判明している。この結果からマースタインは、「身体的魅力にかんして等しい市場価値をもつ個人同士は（中略）まったく異なる市場価値をもつ個人同士よりも親密な関係になる可能性が高い」と結論づけた。

それでもほかの研究があたえる証拠のなかに、希望がもてる根拠が多少は見つかる。たとえば、集団間葛藤にかんするムザファー・シェリフの研究では、本質的に異なる２集団が協力して共通の目標を達成しなければならなくなると、集団間の敵意は減少し、場合によっては完全に消失することがわかっている。またソロモン・アッシュの同調にかんする研究では、同調するようにかなりの圧力をかけられても、ほとんどの人はほとんどの場合、同調しないことが明らかになっている（ただし、ほとんどの人がときどきは同調する）。

アロンソンは、人にひどいことをさせることが可能だからといって、人が救いがたいほどひどいものだと結論づけるのはまちがいだと指摘する。社会心理学が有望なのはひとつに、悪い結果に結びつくさまざまな状況を明らかにしてくれるからなのだ。アロンソンが述べているように、なんらかの状況的変数が大部分の「正常」な大人に悪事を働かさせることもあるのをわたしたちは知っている。だからこそ、「不快な行動や破壊的な行動をもたらす変数やプロセスを理解しようとすることがきわめて重要なのである」。

ムザファー・シェリフ

集団間葛藤を分析

Muzafer Sherif

生年
1906年、オデミシュ、トルコ

没年
1988年、アラスカ州フェアバンクス、アメリカ

トルコ出身でアメリカを拠点とした心理学者ムザファー・シェリフは、当然ながら社会心理学の創始者のひとりとみなされている。シェリフは、現実的葛藤理論を展開したことでもっともよく知られる。葛藤理論は、社会集団間の葛藤とその結果生じる偏見や差別を、価値のあるものや資源をめぐる競争の観点から説明する。シェリフの有名なロバーズ・ケーヴ（泥棒洞窟）実験は、この理論の有効性を強力に裏づける証拠として引き合いに出される。

この実験は1954年、オクラホマ州でのサマーキャンプで行なわれた。シェリフと同僚はまず、22人の少年——全員が中流階級の出身で、問題行動はなく、知能も平均以上——を無作為にふたつのグループに分け、それぞれのグループに独自性が生じるまでたがいの存在がわからないようにした。やがて２グループはそれぞれラトラーズ、イーグルスと自分たちをよぶようになり、またたくまに集団規範、ヒエラルキー、団結心を発達させた。

シェリフの仮説では、２グループの目的が対立すれば、たとえ両グループが正常で情緒的に安定した個人から成り立っていたとしても、たがいに敵意をいだくようになると考えられた。これを検証するため、ラトラーズとイーグルスは引きあわされ、一連の組織化されたゲームで競いあうよう指示され、どちらか一方のグループが優勝者になると説明された。ゲームがはじまると、２グループの関係はたちまち悪化した。ラトラーズとイーグルスはたがいの旗を燃やし、けんかし、侮辱的な言葉を浴びせあい、相手の居住区域に襲撃隊を送りこみ、たがいに盗みあった。

集団間の摩擦がどんどんエスカレートしたのは、あきらかに２グループをくりかえし競争的で相互にいらだたしい状況に追いこんだ結果だった。それぞれの内集団が外集団に対して示した否定的な態度は好ましくないステレオタイプを生み、結果として外集団への中傷や非難、さらには外集団との交流を避けたいという明白な欲求につながった。このようにロバーズ・ケーヴ実験は、社会集団間の敵意は価値のあるものや資源をめぐる利害の衝突に関連しているという主張をはっきりと裏づけた。シェリフはほかに、コミュニケーション、自我、社会的判断、態度の形成と変容にかんしても画期的な研究を行なっている。その死に際して、シェリフは社会心理学のもっとも重要な人物のひとりとして広く記憶にとどめられた。

シェリフの有名なロバーズ・ケーヴ実験は、社会集団間の葛藤は価値のあるものや資源をめぐる競争に関連しているとする、「現実的葛藤理論」を裏づける強力な経験的証拠をあたえた。

ソロモン・アッシュ
同調を研究

Solomon Asch

生年
1907年、ワルシャワ、ポーランド

没年
1996年、ペンシルヴェニア州ハヴァーフォード、アメリカ

ソロモン・アッシュは20世紀の偉大な社会心理学者のひとりだった。ゲシュタルト心理学の思想に影響を受け、空間的定位、印象形成、威光暗示について重要な研究を行なった。また、ながらくこの分野の傑出した教科書だった『社会心理学』（1952年）も執筆している。しかしおそらくいちばん世に知られているのは、同調にかんする画期的な研究だろう。

同調の度合いを測定するいちばんよい方法は、答えが明白である問題に対し集団のほかのメンバー全員がまちがった答えを提示した際、その人がそれに同意するかどうかを調べることである。これを念頭において、彼は今日「アッシュ・パラダイム」として知られる実験用手続きを考案し、同調の度合いを測定した。

実験の被験者はまず、ほかの６人の人びとと席につく。この６人は全員が実験者のサクラである。実験者はこの集団に２枚のカードを見せる。１枚には、垂直な線が１本描かれ、もう１枚の対照用のカードには、垂直な線が３本描かれ、それぞれA、B、Cとアルファベットがつけられている。そのあと各自が、１本の垂直線と同じ長さの線を対照用カードから選び、そのアルファベットを声に出して答えるよう指示される。真の被験者が答える順番はかならず、いちばん最後か、最後から２番目になるようにする。

これを12回くりかえすわけだが、このうちまえもって決めておいた７試行（臨界試行）でサクラ全員が一様にまちがった回答をする。ここで重要なのは、真の被験者がまちがった答えに同調するかどうかである。

結果からは、かなりの頻度で同調することが明らかになっている。課題は単純であるにもかかわらず（同調の圧力がない場合、不正解率は１パーセント以下）、臨界試行すべてで正解したのは真の被験者全体のわずか20パーセントほどだった。つまり残りの80パーセントは、すくなくとも１回は多数派に同調していることになる。

実験を行なったあと、アッシュは真の被験者たちになぜ同調したか理由をたずねた。大多数は、集団のほかの人びとにばかだと思われたくなかったからだと答え、それに対し少数の被験者は、多数派が正しいにちがいないという結論に達したからだと答えた。これは、たんなる応諾――表面的に多数派に同調すること――と、自分の判断そのものが影響を受ける内面化とのちがいを明らかにしている。

アッシュの有名な同調にかんする研究は、人前で恥をかくことを避けるためなら、まちがっているとわかっていても、人は多数派の判断にすすんで同調することを実証した。

レオン・フェスティンガー
認知的不協和を探究

Leon Festinger

生年
1919年、ニューヨーク州ニューヨーク、アメリカ

没年
1989年、ニューヨーク州ニューヨーク、アメリカ

1957年、アメリカの若い社会心理学者レオン・フェスティンガーが書いた『認知的不協和の理論』と題する本が出版され、心理学者の、動機づけ、意思決定、態度変容に対する考え方を一変させた。

フェスティンガーの認知的不協和理論は、ふたつの主要な主張にもとづいている。ひとつは、人は同時にふたつないし3つの矛盾する信念をもつと不快になるというもの、もうひとつは、この不快感が動機づけとなって、不協和を低減するために信念のひとつを変えたり、矛盾を正当化する説明をとり入れたりするというものである。

認知的不協和の現象は、喫煙者に関連して説明されることが多い。この喫煙者が自分の命を大切にすると仮定するなら、「わたしは煙草を吸う」という認知は「喫煙は致命的となりうる」という認知と矛盾することになる。この場合、喫煙者は、喫煙をがんに結びつける証拠を認めなかったり、長寿がよい人生の目安であることを否定したり、あるいは喫煙がもたらす快感を強調したりすることで不協和を低減しようとするかもしれない。

この例は、認知的不協和がいかに信念を形づくり、また、合理的に考える能力をそこなうかを示している。これには、よく引き合いに出されるもうひとつの例が示すように、ある種の危険がともなう。たとえば職場の多くの同僚が、あなたが部下をいじめていると思っていることに気づいたとしよう。この結果、「わたしは善良でフェアな人間である」という認知と「同僚はわたしをいじめっ子だと思っている」という認知が矛盾することになる。この場合、ただたんに行動を変えるだけでは不協和はとりのぞけない。それでは、どちらの認知も残ったままだからだ。しかし「部下は無能だ」と自分にいい聞かせれば、自分自身に自分の行動の正当性を示すことができ（「部下は自業自得だ」）、結果的に不協和は低減することになる。だがきわめて重大なことに、これではいじめの行為が現状のままになる可能性があり、実際にはさらに激しくなることもありうるだろう。

フェスティンガーの独創的なアイディアがあたえた影響は、どれだけ誇張してもしすぎることはない。エリオット・アロンソンが述べているように、認知的不協和理論は「伝統的な心理学の壁を破り、心理学用語のひとつになった。『認知的不協和』は今日、政治評論家、テレビの登場人物、ブロガー、コラムニスト、コメディアンなどによく使われている」

人はふたつかそれ以上の矛盾する信念をもつと、その不快感を低減しようとするという**フェスティンガー**の認知的不協和理論は、心理学者の、動機づけ、行動、態度変容に対する考え方を一変させた。

ヘンリ・タジフェル
社会的アイデンティティ理論を創始

Henri Tajfel

生年
1919年、ヴウォツワヴェク、ポーランド

没年
1982年、オックスフォード、イギリス

イギリスを拠点とした心理学者ヘンリ・タジフェルは、社会的アイデンティティ理論を展開したことで名高い。この理論によると、人には外界を内集団と外集団に分け、自分自身を特定の内集団の成員という観点で定義し、特定の外集団を差別する傾向があるとされる。

1970年代はじめに行なわれたタジフェルの画期的な最小条件集団実験は、この仮説を裏づける強力な証拠をあたえている。実験の被験者は単純な課題——たとえば、ひとまとまりになった点の数を推測するなど——をあたえられ、そのあと小個室に案内されて、ほかのふたりの人に「ポイント」を分配するよう指示される。このふたりは実験後、ポイントをお金と交換することができる。

被験者はまた、点の数をどれだけ正確に推測できたかにもとづいて、ふたつある「グループ」のどちらかに割りふられたことを知らされる。さらに、ポイント（お金）を分配しなければならないふたりがそれぞれどちらのグループに所属しているかも伝えられる。被験者はこのふたりが何者か知らず、会ったこともなく、ふたりについてまったくなにも知らない。これは、このような最小集団の成員であることが、被験者の報酬の分配方法に影響をあたえるかどうかを調べるための実験である。つまり、被験者は自分のグループ（内集団）の成員をひいきして、ほかのグループ（外集団）の成員を差別するかどうかを明らかにしようというのだ。

タジフェルの実験結果からは、被験者がまさにこのとおりの行動をとることがわかっている。事実、被験者は分配方法の選択を求められると、内集団の成員が受けとるポイントを減らしてでも、外集団の成員に分配するポイントが最小になるような選択肢を選ぶのだ。

これはかなり当惑させられる結果である。なにしろ、自分の「グループ」のほかの成員が何者か知らず、まったく交流したこともなく、ひいきしたところでなんの利益がなくても、人はすすんで内集団の成員を優遇し、外集団の成員を差別するというのだから。タジフェルの研究は専門的な心理学の分野以外ではあまり知られていないが、その重要性はいうまでもない。1998年、かつての教え子と同僚がタジフェルの研究の変わらぬ重要性を追悼して、『社会集団とアイデンティティ（Social Groups and Identities）』を出版した。

タジフェルの「最小条件集団」研究は、人は自分自身を特定の内集団の成員という観点で定義し、特定の外集団を差別する傾向があるとする社会的アイデンティティ理論を裏づけた。

フィリップ・ジンバルドー

制度的監禁を研究

Philip Zimbardo

生年
1933年、ニューヨーク州ニューヨーク、アメリカ

40年以上におよぶキャリアのなかで、アメリカの心理学者フィリップ・ジンバルドーは、態度形成と態度変容、心的外傷後ストレス症候群、ヒロイズム、内気など、さまざまなトピックについて重要な研究を行なってきた。しかしジンバルドーのキャリアは、1971年に実施されたあるひとつの研究、スタンフォード監獄実験によっておもに特徴づけられる。

この実験は、刑務所制度の残虐性は機能不全におちいった人格の産物なのか、あるいはすくなくともある程度は、刑務所生活そのものの非人間的性質によってひき起こされるのか、その疑問を調べるために考案された。ジンバルドーが述べているように、重要な問題は、人間の善良さは刑務所のような環境の悪に勝てるかということだった。ジンバルドーはスタンフォード大学の地下の心理学実験室に「刑務所」をつくり、新聞広告をつうじて被験者を募集した。そして研究を開始する前に、選んだ参加者が精神的に健全で、拘置の前歴がないことを確認した。被験者はすべて学生で、無作為に「看守」と「囚人」のグループに割りふられた。いずれのグループも、いうなればアメリカ中流階級の白人青年の代表だった。

実験の結果は、驚くべきものであると同時に、幻滅させられるものでもあった。看守が囚人に対してかなりの水準の攻撃性を示しはじめるのに、わずか1日しかかからず、2グループ間の接触は「否定的で、敵意に満ち、侮辱的で、非人間的」だった。

これは囚人に重度の悲惨な心理的影響をおよぼした。ジンバルドーは、囚人の行動が受動的な「ゾンビのような」ものになり、早くも2日目には抑うつ、怒り、激しい不安がはっきりと認められたと報告している。実験を当初の予定の14日間から6日間で中止するまでに、5人の囚人が激しい心理的苦痛のために解放され、残った囚人のうちわずかふたりだけが、もらえたはずの報酬を「仮釈放」とひきかえに失うのはいやだとしぶった。

ジンバルドーの監獄実験は、社会的・制度的な力が善良な人びとに恐ろしいことをさせうることを裏づける強力な証拠をあたえた。実験は倫理的理由で批判されてきたが、当然ながら心理学史上もっとも重要な研究のひとつとみなされている。

ジンバルドーのスタンフォード監獄実験は、これまで行なわれたなかでもっとも重要な心理学研究のひとつで、特定の制度的・社会的手がかりがあたえられると、人は否定的で敵意に満ちた行動をとる傾向があることを証明した。

スタンリー・ミルグラム

服従を分析

Stanley Milgram

生年
1933年、ニューヨーク州ニューヨーク、アメリカ

没年
1984年、ニューヨーク州ニューヨーク、アメリカ

アメリカの社会心理学者スタンリー・ミルグラムは、1960年代はじめに行なわれた服従にかんする一連の古典的実験でもっとも知られる。この実験は、特定の条件下では、たいていの人が他者をすすんで拷問することを明らかにした。

今日「遠隔犠牲者」実験として知られるミルグラムの最初の実験は、次のような設定で行なわれた。まず男性の被験者40人は、罰が学習にあたえる影響を調べる研究に参加してもらうと説明された。被験者はそれぞれ「教師」になり、「学習者」役を演じる実験者のサクラとふたり一組になった。この時点から、各被験者（すなわち教師）の行動を除いてすべての筋書きが決まっていた。

学習者は別の部屋に入れられて電極がつながれ、回答をまちがえるたびにそれをつうじて電気ショックが流れるように見えた。教師には軽い電気ショックがあたえられ、装置が本物だと思わせてから（実際はそうではないのだが）、記憶テストが進められた。そして学習者がまちがえるたびに、教師は学習者に電気ショックをあたえるよう指示され、1問まちがえるごとに15ボルトずつ電圧の強度をあげていくよう命じられた。

この実験の結果は驚くべきものだった。学習者が（見かけ上）苦痛のあまり実験中止を求めて壁をドンドンたたいたにもかかわらず、どの教師も300ボルトまで――装置に「強烈なショック」と表示されている――すすんで電気ショックをあたえたのである。さらに被験者の約3分の2は、学習者がおそらくは意識を失ってもはや反応を示さなくなっても、用意されていた最大電圧である450ボルトをあたえることをいとわなかった。

ミルグラムは、総勢646人の参加者からなる計18種類の実験すべてにわたり、同様の反応パターンを見いだした（参加者には女性40人がふくまれ、やはり65パーセントの服従の割合を示した）。この結果を受けてミルグラムは、「ただ自分の仕事をしているだけの、これといって敵意をもっているわけでもないふつうの人びとでも、恐るべき破壊的過程の主体者になりうる」という結論にいたった。ほかにも重要な研究を行なっているが、51歳の若さで亡くなりそのキャリアは中途で断たれた。ミルグラムはとくに、社会集団にかんする研究に「六次のへだたり」［人は6人を介すると世界中の人とつながりができるという仮説］を導入した功績が認められている。

ミルグラムによる衝撃的な服従実験は、実験室で行なった場合、ほぼ3分の2の人びとが、権威をもつ人物に指示されればすすんで他者を拷問することを実証した。

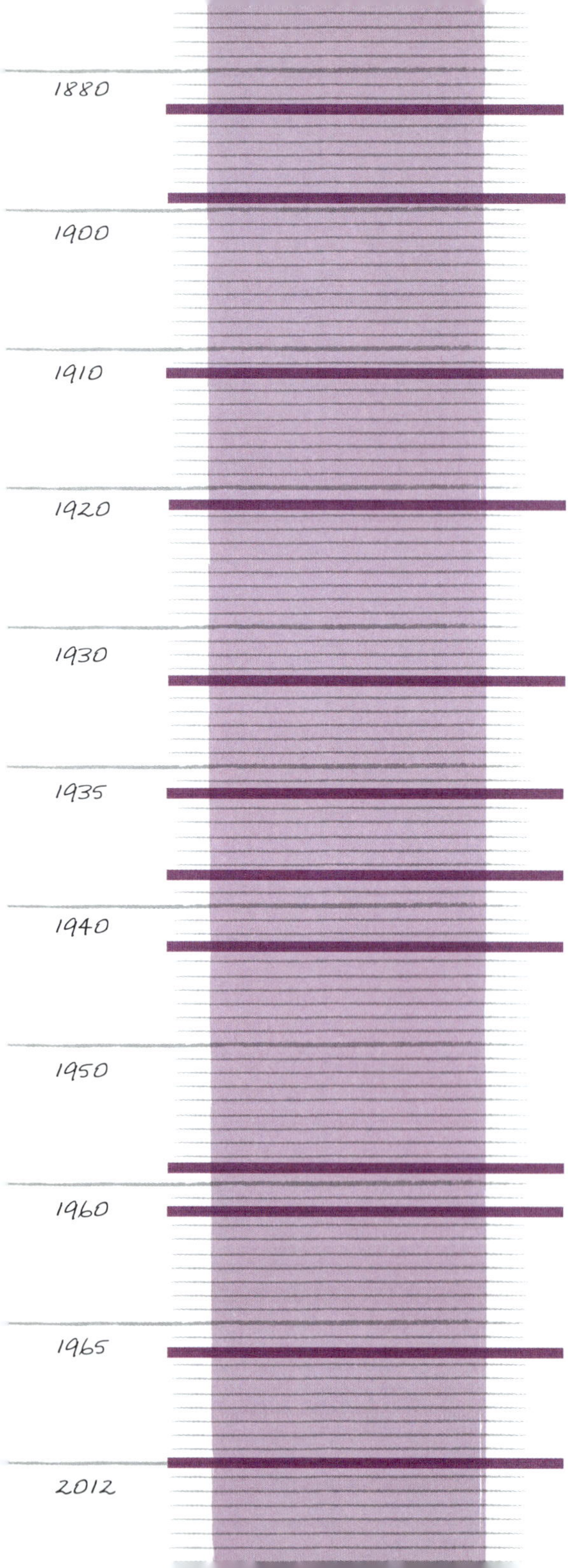

エミール・クレペリン『精神医学概論（Compendium of Psychiatry）』（1883年）

ジークムント・フロイト『夢判断（The Interpretation of Dreams）』（1899年）

アルフレート・アドラー『神経質性格（The Neurotic Constitution）』（1912年）

カール・グスタフ・ユング『心理学的類型（Psychological Types）』（1921年）

メラニー・クライン『児童の精神分析（The Psychoanalysis of Children）』（1932年）

アンナ・フロイト『自我の防衛機制（Ego and the Mechanisms of Defense）』（1936年）

カール・ロジャーズ『問題児の治療（Clinical Treatment of the Problem Child）』（1939年）

アブラハム・マズロー『人間の動機づけ理論（A Theory of Human Motivation）』（1943年）

アルバート・エリス『神経症者とつきあうには――家庭、学校、職場における論理療法（How to Live with a Neurotic）』（1959年）

トマス・サス『精神医学の神話（The Myth of Mental Illness: Foundations of a Theory of Personal Conduct）』（1961年）

アーロン・ベック『うつ病の診断と管理（The Diagnosis and Management of Depression）』（1967年）

ロビン・マレー『精神疾患歴のある親をもつ子どもの刑事上の有罪判決（Criminal conviction among offspring with parental history of mental disorder）』（2012年）

第5章
病めるときも、健やかなるときも

異常心理学は、思考と行動の異常なパターンを研究対象とする心理学の一分野である。この章では、フロイト、ユングといった精神分析学者の研究と思考、エミール・クレペリンのような臨床医学者の研究をつうじた精神病の医療対象化、そしてクライエント（来談者）中心の治療方法の登場につながった、エイブラハム・マズロー、カール・ロジャーズといった人間性心理学者の研究に注目する。

医学モデルとその不満

医学モデルは、特定のパターンの異常行動は病気とみなすのがもっとも適切だとする。うつ症状や双極性障害といった現象をこのようにみなす考え方は、わたしたちがごくふつうに使っている、精神病、精神障害、精神病理といった専門用語にはっきりと表れている。

現代精神医学が一般的な精神障害でもっとも重度の統合失調症（スキゾフレニア）をどのようにみなすかに注目すれば、医学モデルがどのようなものかを適切に理解することができる。「スキゾフレニア（Schizophrenia）」という用語は一般に、「分裂した精神」と訳される。しかし、この語源はいささか誤解をまねくおそれがある。というのは、この病気は多重人格障害のような疾患とはほとんど共通点がないからだ。実際には、統合失調症の人は現実に対する知覚がひどくゆがんでおり、その症状には無秩序な思考、妄想、そしてなにより幻聴、幻視がある。

精神分析学者のあいだでは、統合失調症の診断に結びつく症状は、すくなくとも一部は脳機能障害によってひき起こされるというのが標準的な見方だ。ドーパミン仮説によると、この障害はとくに中脳辺縁系におけるドーパミンの過剰に関連しているとされる。この仮定を裏づける証拠は豊富にある。たとえば、抗精神病薬はすべてドーパミンを遮断することで効くし、逆にドーパミンを増加させる薬はすべて精神病をひき起こす可能性がある。

それでも統合失調症が、原因となる病理をともなう病気だとする医学的見解は、けっして一般的には認められていない。トマス・サスのように精神医学を徹底的に批判している人びとによれば、統合失調症というより、精神病自体がいっさい存在しないという。統合失調症のような病気にかかっていると決めつけるのは、ようするに、社会的に容認しがたいと考えられている行動を「コントロー

「わたしたちには『治療』によって闘ったり、追いはらったり、あるいは消しちらしたりできる敵などいない。あるのは、生きていくうえでの問題である（後略）」

トマス・サス

ル」したり「中和」したりするためだというのである。後述するように、サスは、「精神病」という概念は言葉自体が矛盾していると主張する。つまり、精神は非物質的かつ非空間的な存在なのだから、生理機能に病理的変化が起こって病気になることなどありないというのだ。

ほかの精神障害について考えてみると、医学モデルの妥当性はさらに問われることになる。たとえば、合理情動行動療法の創始者アルバート・エリスは、うつ病の原因が根底にひそむ脳の疾患だとは考えず、かわりに、うつ病の人びとに特徴的な数多くの非合理的な信念が、外界を否定的にとらえさせているのだとつきとめた。この観点からいえば、治療は、抗うつ薬が処方される場合のように脳に向けられるべきではなく、むしろ、否定的な知覚と判断をもたらす非合理的な信念をなんとかするほうに向けられるべきだろう。

医学モデルのそもそもの衝動が善いものであったことはいうまでもない。とりわけ、統合失調症のような障害をあたりまえの現象にすることで、患者から宗教がらみの重荷をとりはらった。だからすくなくとも西欧では、たとえば幻聴が聞こえたからといって、もはや魔術の証拠とみなされることはない。双極性障害やうつ病といった障害にはっきりとした生理学的危険因子が存在することを示す、説得力のある経験的証拠もある。それでも、事実上「生きていくうえでの問題」である障害をどの程度「病気」とみなすのが適切かは、未解決のままである。

エミール・クレペリン
精神病のカテゴリーを体系化

Emil Kraepelin

生年
1856年、ノイシュトレーリッツ、ドイツ

没年
1926年、ミュンヘン、ドイツ

ドイツの精神科医エミール・クレペリンには、科学的精神医学の創始者とみなされる資格が優にある。とくに近代精神医学の分類体系は、精神障害はそれぞれ別個のものであり、おのおの独自の原因、症状、経過、予後があるとするクレペリンの考え方にもとづいている。クレペリンはまた、最初の近代精神医学の教科書を書いたことでも名高く、この教科書は広く読まれた。

クレペリンは、精神医学は心理的苦痛の存在下で生じる症候パターンを体系的に調査することによってのみ、科学的基盤に立つことができると主張した。特定の症状の境界、すなわち、原因となっている生理的病理が明らかになる過程の第1段階を見きわめるには、これが必要だと考えていたのである。そして何千もの観察結果にもとづいて、クレペリンは精神障害を大きくふたつのカテゴリー——早発性痴呆（現在は統合失調症で知られる）と躁うつ病（現在は双極性障害で知られる）——に分類した。

早発性痴呆（文字どおり「初期の認知症」）には特徴的な症状が数多く見られ、そのうちもっとも重要なのが幻聴である。無秩序な思考もよく見られ、思考が外部からコントロールされたり影響をおよぼされたりしているような感覚もまた同様だ。クレペリンは早発性痴呆をかなり悲観的に見ており、完治することはめったにないと述べている。

一方、躁うつ病は躁状態とうつ状態が交互に現れるのが特徴で、急性期には早発性痴呆と区別するのがむずかしいが、予後はこちらのほうがよい。躁病の症状には、多動、無秩序な思考、気分の高揚、誇大的、性欲の亢進、体重増加などがあり、うつ病の症状には、無気力、言語能力の低下、活動性の低下、罪悪感、体重減少などがある。

クレペリンによる早発性痴呆と躁うつ病の概念は、現在それらに相当する統合失調症と双極性障害に驚くほど似かよっており、そのことが、彼がいかに細心の注意をはらって観察を行ない、また、その研究が近代精神医学の発展にどれほど影響をおよぼしたかをはっきりと証明している。

クレペリンによる早発性痴呆と躁うつ病の概念は、精神障害の分類において現在そのふたつに相当する統合失調症と双極性障害の中心に反映されている。

ジークムント・フロイト

精神分析学を創始

Sigmund Freud

生年
1856年、プシーボル、チェコ

没年
1939年、ロンドン、イギリス

精神分析学の父ジークムント・フロイトの思想が20世紀の思想にあたえた影響は、どれだけ誇張してもしすぎることはないだろう。ほかのだれよりも、人間が合理的な意思決定者であり、みずからの心と運命の支配者であるという考えを根底からゆるがしたのがフロイトだった。

フロイトは、人間のプシケ（心）は３層からなると主張した。イドは人の衝動、おもに性衝動からなり、自我はプシケの合理的、意思決定的側面、超自我は自我に対する裁判官、検閲官の側面をもつ。イドは欲望をただちに満たそうとするが、現実原則に支配される自我は、イドの要求と外界の要求とをおりあわせる必要がある。同時に自我は、超自我の要求にそって、思考と行動が超自我の観点から見て道徳的に容認できる範囲内におさまるようにもしなければならない。

この状況は、心的葛藤をひき起こす可能性を多大にはらんでいる。たとえば過度に警戒心の強い超自我は、罪悪感や不安をいだかせ、好ましからざる欲望や記憶を無意識に押しとどめる。フロイトは、このような抑圧された葛藤には動的特性があると主張した。これらはかならず、夢、いいまちがい（失錯行為）、恐怖症、空想などをつうじて、意識的生活のなかで存在感を示そうとする。有名な事例研究においてフロイトは、患者のハンス少年が発症した馬恐怖症が、実際は母親へのエディプス的欲望――すなわち、性的欲望――に根ざした父親への恐怖の現れで、ハンスが父親を一種の恋敵とみなしていたことに原因があったと述べている。

フロイトによれば、無意識が意識に送るメッセージを解読することが精神分析医の仕事だという。精神分析医は自由連想法、言語連想法、夢分析といった手法を駆使して、抑圧された記憶を表面に浮かびあがらせる。思考や行動の原因が無意識の基底にあることがわかれば、コントロールしやすくなるというのが、その考えである。フロイトがいなければ、20世紀の思想の歴史はまったくちがったものになっていただろう。その思想の妥当性にかんしては多くの疑問点があるものの、フロイトの知的・文化的重要性は疑う余地がない。

フロイトの精神分析理論、とくにプシケの3層構造は、20世紀において、人間が合理的な社会的行為者であるという考えを根底からゆさぶるのに中心的な役割をはたした。

アルフレート・アドラー
個人心理学を創始

Alfred Adler

生年
1870年、ルドルフスハイム、オーストリア

没年
1937年、アバディーン、イギリス

個人心理学の創始者で、かつてジークムント・フロイトの同僚でもあったアルフレート・アドラーは、おそらく今日では「過補償」や「劣等感コンプレックス」といった心理学的概念の発案者としてもっともよく知られているだろう。

アドラーは補償にかんする考えを、1907年に出版した著書『器官劣等とその心的補償の研究（A Study of Organic Inferiority and Its Psychical Compensation）』のなかではじめて概説した。これはようするに、生理的欠陥——たとえば聴覚障害など——の存在はしばしば補償の衝動をもたらし、その人に自分のハンディキャップにいちばん関係のある分野でひいでさせるというものである。たとえばアドラーは、若いころ吃音があった古代ギリシアの政治家デモステネスが、この障害を克服して偉大な雄弁家になった例や、フィンランドの陸上チャンピオン、パーヴォ・ヌルミが子どものころ足が不自由だった例を指摘している。

のちの研究において、アドラーはこの考え方を拡張し、生理的欠陥の存在がかならずしも必要ではないとした。彼によれば、子どもはだれでも劣等感をいだくという。これはネグレクトされたり虐待されたりした子どもにとりわけ顕著だが、最良の環境下であっても、子どもは大人の世界に直面すると自分が小さく無力だと感じる。その結果、子どもはこうした劣等感を補償するために、幼いころから権力と優越性を追求するのである。

この状況に神経症的に反応すると、子どもは社会からひきこもり、認識した劣等感が表面化しそうな状況を避けようとする。これが解決されないまま大人になると、劣等感コンプレックスが生じる可能性が高くなる。そうなると多くの場合、その人は「仮想的目標」（理想）を達成できない状態になり、そのことを神経症的に解釈するようになる。

アドラーは、劣等感それ自体が病的な状態だとは考えていなかった。事実、個人が権力と優越性を追求することは、発達の正常な部分である。ただしこの追求は、社会、仕事、セックスといった課題面で現実的なものでなければならず、そうでなければ過補償したり——たとえば、弱い人間がいじめっ子になるなど——、あるいは神経症になったりする危険が高まる。

アドラーは、子どもがかならずいだく劣等感は補償の衝動をもたらし、権力と優越性を追求させると主張した。この過程がうまくいかないと、神経症になる可能性が高まるという。

カール・グスタフ・ユング
集合的無意識の概念を展開

Carl Gustav Jung

生年
1875年、ケスヴィル、スイス

没年
1961年、チューリヒ、スイス

スイスの精神科医で分析心理学の創始者カール・グスタフ・ユングは、かつてジークムント・フロイトの親友にして同僚だったが、1913年、ふたりの友情は終わりを告げた。それはひとつに、ユングが精神分析理論をフロイトが予想だにしなかった方向へ展開しようとしたからだった。とりわけユングは、リビドー（心的エネルギー）がもっぱら性的な性質のものとは認めず、正統的フロイト派とはちがって、無意識の性的葛藤の存在だけが神経症の原因ではないと考えた。

ユングによれば、プシケは相互作用する3つの部分、顕在意識、個人的無意識、集合的無意識に分けられるという。意識とは、その人が直接わかるプシケの部分である。ユングは、個人がどのように外界に適応するかを決定する、2種類の性格型を提唱した。外向型の人はリビドーのエネルギーが外界へと向かい、一方、内向型の人はリビドーのエネルギーが内界へと向かい、主観的な感情や経験を重視する。たいていの人は一生をつうじて性格型が変わらないというのが、ユングの考えだった。

ユングの無意識の側面に対する治療、とりわけその集合的無意識という考えは、非正統的だった。ユングは、人間は祖先と同じやり方で外界を経験し、それに適応するように生まれついていると主張した。集合的無意識の生得的な統合原理が「元型」とよばれる。それには次のようなものがある。「ペルソナ」は人が外界に向けている仮面で、「影」は人の動物的本能の源泉、「自己」は、それによって自分の人格を構成する統合原理、「アニマ」は男性のなかの女性的特徴、そして「アニムス」は、女性のなかの男性的特徴をさす。

この集合的無意識の概念はユングのアプローチのもっとも斬新な側面だが、同時にもっとも問題をはらんだ側面でもある。批判者たちはある妥当な理由から、これは科学的理論よりも神話学と多くの共通点があると主張した。

ユングの思想は、フロイト派精神分析学の主題の興味深い変種であるのはまちがいなく、その系統的論述がおよぼした影響は疑念の余地がない。しかしながらユングの思想の正当性を、わたしたちが世界について知っていることからどれだけ証明できているかは疑わしい。これは精神分析理論全般にいえることである。

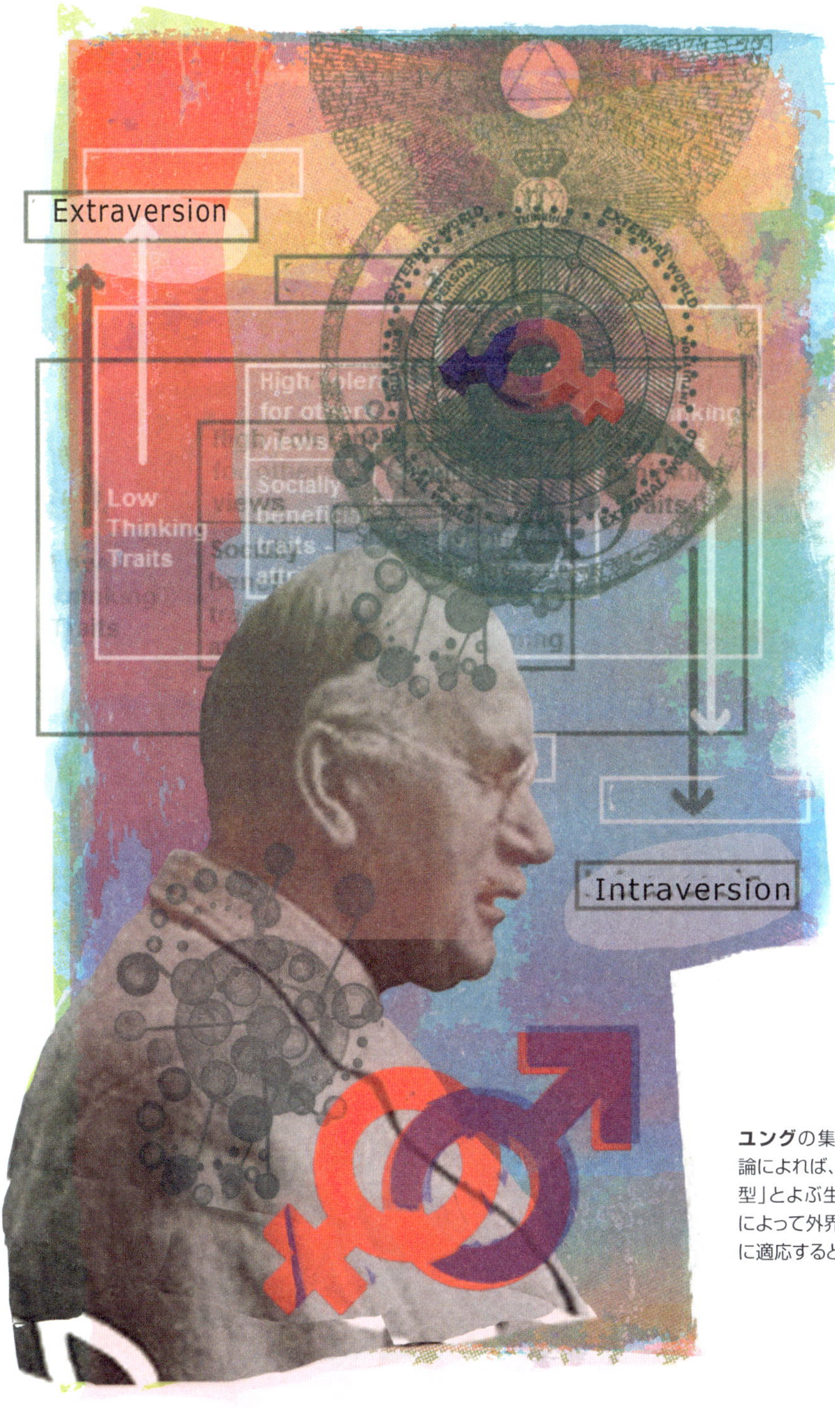

ユングの集合的無意識理論によれば、人間は彼が「元型」とよぶ生得の統合原理によって外界を経験し、それに適応するという。

メラニー・クライン
子どもの精神分析を創始

Melanie Klein

生年
1882年、ウィーン、
オーストリア

没年
1960年、ロンドン、
イギリス

メラニー・クラインは精神分析学の先駆者のひとりで、臨床診療と精神分析理論の発展に貢献した。とくに子どもの遊びを分析する方法（遊戯療法）を考案し、２歳の乳児にも応用できる精神分析手法を可能にした。理論的側面では、フロイト派による超自我の発生時期に異議を唱え、それに応じた代替治療を開発し、今日の精神分析用語にもふくまれる、妄想分裂態勢、抑うつ態勢といった概念をつくりだした。

伝統的なフロイト派理論によれば、超自我は４歳くらいにエディプスコンプレックスが解決されるとともに発達するという。クラインはこの考えを認めず、かわりに超自我の発生時期はもっとずっと早く、生後数カ月でみられると主張した。

乳児の精神生活のもっとも早い段階は、ふたつの主要な発育相、妄想分裂態勢と抑うつ態勢があるのが特徴だ。クラインの有名な「よい乳房」と「悪い乳房」の区別は、妄想分裂態勢の特徴を明らかにしている。

人生の最初の段階では、乳児には自分自身の自我と外界の対象との区別はつかない。これはつまり、愛情と憎悪の感情をいだくときはいつでも、それらは外の世界に投影され、その結果、外界の対象がこうした感情の外観をおびることになる。このことからクラインは、「乳児の最初期の経験は、『よい』対象と一体となった完全によい経験と『悪い』対象と一体となった完全に悪い経験とに分裂される」と主張した。

乳児の最初の対象は母親の乳房であり、それは報酬をくれることもあれば（十分な乳をくれる場合）、そうでないこともある（乳児の要求を満足させない場合）。その結果、乳児は愛情と憎悪の感情を分裂し、それらを単一の対象（乳房）に投影するため、対象はふたつに分裂することになる。よい乳房（すなわち母親）は愛され、乳児はそれが自分を養ってくれていると感じ、一方、悪い乳房（すなわち母親）は憎悪され、乳児はそれから迫害されていると感じるのである。

愛情と憎悪の感情がこのように妥協を許さない形で機能するという事実は、生後まもない乳児の世界には「神と悪魔が住み、天国に思えることもあれば、またあるときは恐ろしい地獄に思えることもある」（J・A・C・ブラウン）ということなのだ。

クラインは、新生児は外界を完全に分裂させて経験し、その経験の対象を完全によい対象と完全に悪い対象とに分裂させると主張した。

アンナ・フロイト
自我心理学を創始

Anna Freud

ジークムント・フロイトの末娘のアンナ・フロイトは、彼女自身が高名な臨床精神分析学者で、児童精神分析の手法を創始し、とくに「自我心理学」に関連して精神分析理論に重要な貢献をした。自我心理学とは精神分析学の一部門で、自我や意識の正常もしくは病理的な発達を研究対象とする。

そのもっとも重要な著作『自我の防衛機制』のなかでフロイトは、自我が、イド（人格の本能的部分）の不満と、外界の要求と、超自我（プシケの道徳的・検閲的部分）の禁止とのあいだの緊張から生じる「苦痛で耐えがたい考えや感情」から身を守る方法を分析している。

そして５つの斬新な防衛機制、空想における否認、言葉と行為における否認、自我の制限、攻撃者との同一化、愛他主義を明らかにした。空想における否認とは、想像力によって苦痛な事実や状況を正反対のものに変えることで、それに対処する過程をいう。言葉と行為における否認も同様に、外界のある側面を否定する過程をさすが、この場合は言葉と行為をつうじてそれを行なう（たとえば、「ぼくはお父さんと同じくらい強い」と発言するなど）。

自我の制限は、幼い少年が友だちのすぐれたスキルを認識し、屈辱を受けることをおそれるあまり、いっしょにサッカーをすることをこばむ事例で説明できる。少年のサッカーをしたくないという気持ちは、やがてサッカー全般への嫌悪、ひいてはサッカーをしたがる人やそれに関心を示す人びとへの軽蔑にまでおよぶ。攻撃者との同一化は、抑圧者の特徴をとりこみ、自分自身を有力な人物に変えることで不安に対処する方法だ。だから、たとえば家で父親に虐待されている少年は、自分も学校で弱い者いじめをするのである。

愛他主義は、自分自身の願望を別の人にゆずり、欲求をカタルシス的に充足させることで機能する防衛機制だ。アンナ・フロイトは、シラノ・ド・ベルジュラックの例をあげている。シラノは、自分の容姿の醜さから「愛される夢」をみずからに禁じ、愛する女性と恋敵との仲をとりもってやるのである。

生年
1895年、ウィーン、
オーストリア

没年
1982年、ロンドン、
イギリス

アンナ・フロイトは、空想における否認や自我の制限といった、自我の防衛機制を明らかにした。それらは、プシケの中心におけるイドと超自我の葛藤から自我を守る働きをする。

カール・ロジャーズ
クライエント中心心理学を提唱

Carl Rogers

生年
1902年、イリノイ州オークパーク、アメリカ

没年
1987年、カリフォルニア州サンディエゴ、アメリカ

アメリカの心理学者カール・ロジャーズは、人間性アプローチの草分けのひとりで、クライエント中心心理学発展の原動力となった。また、北アイルランドと南アフリカ共和国における集団間葛藤にかんする研究により、1987年度ノーベル平和賞にノミネートされた。

ロジャーズのアプローチの中心にあるのは「自己」の概念で、これは「自分自身にかんする、組織化された、一貫性のある一連の知覚と信念」のことである。簡単にいうと、自己、すなわち自己概念とは、人がもつ心的な自己像だ。この自己像がかなり正確で、また現実と一致していれば、実際の経験にうまく適応する。しかし正確でもなく、また現実と一致してもいなければ、自己概念と実際の経験とのズレは精神障害をもたらす場合がある。

ロジャーズによれば、不一致の経験は人の自己概念の統合をおびやかし、不安をひき起こすという。典型的な反応は、防衛機制をもちいて不一致に対処することだ。たとえば、自分は魅力的ではないと思っている若い女性は、魅力的な男性からダンスに誘われると、同情されているだけだとか、からかわれているだけだなどと自分にいい聞かせることで不一致をうまく説明するかもしれない。こうやってこの女性は、潜在的に肯定的な経験を自分に禁じるという犠牲をはらってのみ、自己概念を守るのである。

ロジャーズは不一致に対処する方法として、クライエント（来談者）中心療法を提唱した。これは、彼が「無条件の肯定的配慮」とよぶものをよりどころとしている。セラピスト（治療者）は相手に心から共感し関心をよせている人間として、クライエントを完全に受容し、中立的な援助をあたえる。目標は、クライエントに、ともすれば否定しがちな自分の考えや感情を受け入れさせることであり、それによってより現実的な自己概念を発達させることができるのである。

ロジャーズは、人はだれでも人間としての可能性を実現する能力をもっていると考えていた。しかし、これを達成するのは容易なことではない。「それには、懸命に努力して、自分の潜在的能力をもっともっと高めなければならない。そのための勇気も必要になる。つまりは、人生の流れのなかに自分をまるごと放りこむということなのだ」

ロジャーズは、人の自己概念と実際の外界での経験とのズレを示す「不一致」に対処しようと、クライエント中心療法を提唱した。

アブラハム・マズロー
人間性心理学を創始

Abraham Maslow

生年
1908年、ニューヨーク州ブルックリン、アメリカ

没年
1970年、カリフォルニア州メンローパーク、アメリカ

アメリカの心理学者アブラハム・H・マズローは、20世紀なかばにアメリカで起こった人間性心理学運動においてもっとも重要な人物のひとりだった。人間性アプローチは、行動主義や精神分析とは対照的に、人間の経験の重要性、自己成長の潜在的能力、自己実現の可能性を重視した。

マズローによれば、人間の動機づけはピラミッド型の欲求階層説によって理解できるという。基底層は基本的な生理的欲求で、そこから上に向かって安全の欲求、愛情と所属の欲求、承認の欲求というようにより高次の欲求へと進んでいく。最高層には自己実現の欲求があり、これは自己の可能性を最大限に実現すること、すなわち「自分がなれるどんなものにでもなること」をさしている。

一般に、より高次の欲求が生じるには、まず基底層の欲求が満たされなければならない。たとえば飢えている人は、空腹が満たされてはじめて承認の欲求に関心をもつだろう。より高次の階層では、欲求はたんに生物学的必要を満たすだけのものではなく、ある種の生き方ができるかどうかにかかっているので、満たすのははるかにむずかしい。

すべての人が自己実現する能力をもっているとしても、たいていの人はそれを達成できない。マズローは自己実現者として、ウィリアム・ジェームズ、アルバート・アインシュタイン、エイブラハム・リンカーンを例にあげ、この全員が共通して、自発的に行動・思考し、現実を的確に知覚でき、不確実性に喜んで耐え、創造的で、問題解決に関心をもち、ごく少数の人と深い人間関係を築くことができると主張した。マズローはまた、自己実現者は人生で数多くの「至高体験」を経験しているらしいと指摘している。至高体験とは、至上の幸福と達成を感じる瞬間のことで、個人を超越したものであり、その人の行動に肯定的な変化をもたらすこともある。

マズローが創始したような思想が、心の健康を達成するのにとりわけ役だつかどうかはまだはっきりしない。それでも人間性心理学は、行動主義心理学の科学主義と精神分析学の還元主義に対する重要な矯正策となった。

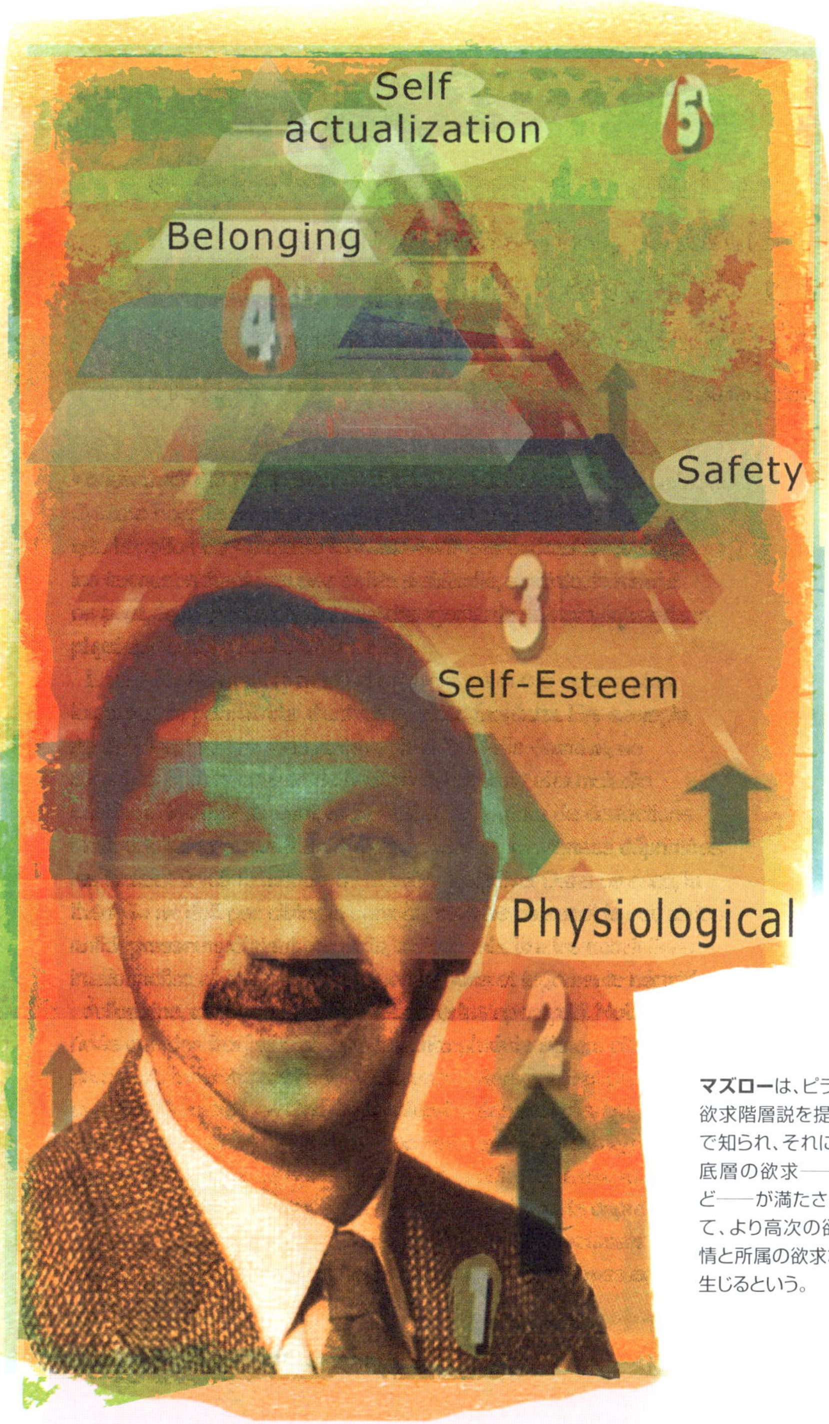

マズローは、ピラミッド型の欲求階層説を提唱したことで知られ、それによれば、基底層の欲求――食べ物など――が満たされてはじめて、より高次の欲求――愛情と所属の欲求など――が生じるという。

アルバート・エリス
Albert Ellis

合理情動行動療法を確立

生年
1913年、ペンシルヴェニア州ピッツバーグ、アメリカ

没年
2007年、ニューヨーク州ニューヨーク、アメリカ

アメリカの心理学者アルバート・エリスは当初、もっとも深遠で効果的な治療法として精神分析を専門としていた。しかし1950年代はじめにこの方法への信頼を失い、これをきっかけに合理情動行動療法（REBT）を考案した。エリスは今日、この治療アプローチでその名を知られている。

REBTでは、心理的な問題は非合理的な判断や解釈、ごくふつうの刺激に対する不相応な情動反応、習慣的な機能不全の行動パターンに原因があるとする。

エリスによれば、なにか不快なことが起こると、人は選択を迫られるという。その際、健全かつ自助的に、不満をもったり、失望したり、腹をたてたりすることもできれば、不健全かつ自滅的に、落胆したり、おびえたり、うろたえたりすることもできる。一般に、健全な反応は合理的な信念から生じ、不健全な反応は非合理的もしくは自滅的な信念から生じる。

エリスは、西洋やほかの文化に共通する非合理的で自滅的な信念を数多く明らかにした。それには次のようなものがある。「すべての人に愛され、受け入れられなくてはならない」「つねに卓越し、けっしてまちがいをおかしてはならない。そうでなければ、わたしにはなんの価値もない」「意地悪をされたら、呪ってやらなければならない」「恵まれた幸福な境遇で生きなければならない。そうでなければ、ひどい状況になってとても耐えられないだろう」。より一般的には、人が愛、成功、快適さに対して強い欲求をもち、それを絶対に必要なものと思いこんでしまうと、結果的に不安、抑うつ、自己憐憫をひき起こす可能性があると、エリスは主張する。

REBTの目標は、そうした非合理的で自滅的な考えや信念を修正することである。だから有能なセラピストは、クライエントの話に注意深く耳を傾け、その特定の状況がどのようなものであれ無条件の承認をあたえるだけでなく、クライエントの考え方がどうしてうまくいかないのか、また、心理的苦痛をやわらげるような思考や行動のパターンに修正するためにはどんなことができるのかを示すのだ。この意味では、REBTはもっと伝統的な心理療法よりはるかに能動的・指示的な心理療法であり、エリスによればそれこそが、この療法がより大きな効果をあげるゆえんなのだという。

エリスは合理情動行動療法を考案し、この治療アプローチによると、心理的な問題は非合理的な判断や解釈に原因があり、これらは治療のなかで修正することが可能だとされる。

トマス・サス
精神病を否定

Thomas Szasz

1950年代末、ハンガリー出身でアメリカを拠点とした精神科医トマス・サスは、精神医学の治療法に批判的な論文を数多く執筆し、精神病という概念は、行動の説明としては、「悪魔にとりつかれた人」という主張と同じくらい妥当ではないと説いた。こうした論文は、サスの画期的な著書『精神医学の神話』出版への序章であり、この本は精神医学の概念的基礎をくつがえそうとする試みとみなされている。

サスによれば、精神病が診断可能な脳障害だとする主張は、虚言もしくは単純な誤りだという。「病気」という概念には、細胞、組織、臓器に生理学的変化が生じていなければならず、それは心のような非空間的、非物質的な存在の場合にはあきらかに不可能である。「精神病」という概念はたんなるメタファー（隠喩）で、「心が『病む（sick)』とすれば、冗談が『病的（sick)』だとか、経済が『病む（sick)』というのと同じ意味でしかない」。サスは「精神病」の症状が（たとえばアルツハイマー病のように）器質性脳疾患によってひき起こされることがあるのを否定しなかった。しかしこの場合、患者は精神病などではなく身体的疾患であり、そうではないと主張したところで誤診でしかないだろう。

サスは、「精神病」の症例の大半には、原因となる脳疾患はないと主張した。「精神病」と診断されるものはむしろ「生きるうえでの問題」であり、これは、社会が容認するものから逸脱したさまざまな形態の行動をさす。この意味では、「精神病」の診断は社会秩序をおびやかす可能性のある行動をコントロールしようとする試みである。だからサスは、「精神病院は病院というより刑務所で、精神病院への強制入院は、医療的ケアというより一種の投獄であり、高圧的な精神科医は、治療者というより裁判官や看守の役割をはたしている」と断言したのだ。

サスは、精神科医が精神病の徴候とみなす行動パターンは、どれも奇妙で、いらだたしく、不快だと感じていた。これは当事者にとっても腹だたしいことだろう。しかしほぼすべての症例において、それらは脳障害の症状ではないのである。

生年
1920年、ブタペスト、ハンガリー

没年
2012年、ニューヨーク州マンリウス、アメリカ

サスは、精神病は神話であるという主張で知られ、精神科医が精神病と診断しているものは、実際には「生きるうえでの問題」であり、それは社会が容認しうるものから逸脱した行動形態のことだと論じた。

アーロン・ベック
認知療法を創始

Aaron Beck

アメリカの精神科医アーロン・ベックは、認知療法の創始者としてもっとも知られる。認知療法とは、臨床的うつ病の治療で広くもちいられているアプローチで、その人の自分自身と外界に対する見方に焦点をあて、病気を理解しようというものである。

ベックがいちばん注目したのは、うつ病患者は自分の状況の多くを非現実的なほど否定的に見ること、また、否定的な思考を反芻《はんすう》して、苦痛な感情や問題行動に捕らわれつづけていることだった。

ベックは認知の３要素として、うつ病に共通する否定的な思考を３種類特定した。それは、自分自身についての否定的思考、外界についての否定的思考、未来についての否定的思考である。うつ病の人はたいてい、自分自身を役だたずで無能な人間とみなす。くわえて、外界はよそよそしく、敵意に満ち、あいいれず、のりこえられない障壁と障害が立ちはだかっていると思う。そしてこの状況から抜けだす方法がわからず、未来を絶望というプリズムをとおして見る。

ベックは、うつ病に特徴的な否定的な「自動思考」は、多数の典型的な認知のゆがみから生じており、それにはたとえば、白黒思考、恣意《しい》的推論などがあるという。白黒思考は、不可能な目標設定に関連してもっともよくみられ、この目標が達成されないと不適切なほど否定的な判断につながる。たとえば、あるアスリートがマラソンを走るために懸命にトレーニングしているとしよう。しかし目標タイムがあまりに非現実的なために目標を達成できず、その結果、自分を激しく批判する、といった例がそれにあたる。

また恣意的推論とは、証拠が不十分ないしは欠如しているにもかかわらず、それにもとづいて不適切なほど否定的な結論を導きだすことをいう。たとえば、ある女性がパーティでたまたま友人と同じドレスを着ていただけで、自分はダメ人間だと決めつける、といった具合である。

認知療法は、こうした否定的な思考や認知のゆがみを修正することをめざしている。セラピストの助けをかりて、クライエントは自分の判断を客観的に識別（現実検討）する方法を学ぶのである。このようにして、クライエントが実際のところ自分の思考がいかに不適切なほど否定的かわかるようになることを期待するのだ。

生年
1921年、ロードアイランド州プロヴィデンス、アメリカ

ベックは認知療法の創始者で、この治療技法は、精神障害にみられる否定的思考に着目し、こうした思考を治療をつうじて修正しようというものである。

ロビン・マレー

統合失調症を研究

Robin Murray

スコットランド人の精神科医ロビン・マレーは、おもに統合失調症患者の研究によって、世界有数の精神科医として高い評価を得た。同僚とともに、統合失調症はすくなくとも部分的には神経発達障害であるとする考えを提唱・展開した。

統合失調症は伝統的に変性疾患とみなされ、統合失調症の人の脳は最初は正常だが、10代か20代のときになにかが起き、そのあとそこなわれると考えられていた。

マレーの考えはちがっていて、統合失調症の人の脳は、微妙に逸脱した発達の仕方をすると指摘する。簡単にいうと、脳の配線になにかが起き——おそらく遺伝的性質もしくは初期の環境的損傷に関係する理由により——、そのせいで、統合失調症の人は幻覚や妄想の症状が起こりやすいというのだ。マレーの主張について、ここではっきりさせておく必要があるだろう。つまり、特定の発達上の問題がかならずしも統合失調症につながるわけではない。ある特定の状況下で、神経系が統合失調症をより生じやすいような発達をするということなのだ。とくに微妙な発達上の変化が、ストレスの多い人生の出来事によりいっそう影響を受けやすくするのである。

マレーがアフリカ系カリブ人の患者を対象に行なった研究は、統合失調症をもたらす原因因子の複雑さを明らかにしている。マレーは、イギリスに住むアフリカ系カリブ人の統合失調症の発生率が、イギリス在住の白人の6倍、そしてなんと、西インド諸島在住の黒人の6倍であることを発見した。これはつまり、これらの患者がいまも西インド諸島に住んでいれば、発病する確率はずっと低かったかもしれないということなのだ。マレーは、この集団の人びとの生活には、はるかに高い発生率を説明するなんらかの苦難があると示唆している。

くわえて、統合失調症にはある種の特徴的な症状——とくに幻覚——がともなうが、だからといって同じ生物学的原因がつねに影響をおよぼしているわけではない。こうしたことからマレーは、さまざまな理由がからみあって人が統合失調症になるというのは、まったくありうることだと主張している。

生年
1944年、グラスゴー、イギリス

マレーは、統合失調症は神経発達障害で、生物学的・社会的要因が複雑にからみあって発病するという見解を展開し、世界有数の精神科医として高い評価を得た。

用語解説

アイコニック記憶：ほんの短時間だけ利用可能な、すぐに消失する視覚情報保存のこと。

異常心理学：異常行動や心理的苦痛の原因を研究対象とする心理学の一分野。

因子分析：もとの因子間の相関関係を解析することによって、多数の因子から少数の因子を抽出する統計的手法。

オペラント条件づけ：強化や罰を随伴する後続結果によって、行動を変容させる学習の一形態。

経験的：経験的証拠は観察や測定から得られるので、原則的には、ほかの心理学者にも実証することができる。

効果の法則：エドワード・ソーンダイクによって発見された原則。ある行動が満足感をもたらすなら、その行動は強化される（すなわち、より起こりやすくなる）というもの。

行動主義：心理学は観察可能な行動のみ研究対象にすべきだとする心理学的アプローチのひとつ。

古典的条件づけ：イヴァン・パヴロフによって発見された学習の一形態。無条件刺激と中性刺激とを組みあわせることで、条件反応をひき起こす条件刺激をつくりだす。

志向性：意識の方向性。意識はつねになにかについての意識であるということ。

社会心理学：思考と行動が他者の存在にどのような影響を受けるかを研究する心理学の一分野。

精神分析：ジークムント・フロイトによって創始された治療アプローチ。神経症、うつ病、不安といった精神障害は、プシケの無意識の部分に存在する未解決の葛藤によるものだとする。

多変量解析：多数の変数間の関係を分析する統計的手法の総称。

同調：一般に、個人を特定の集団に適応させるために、社会的影響の圧力下で生じる行動や思考の変化のこと。

内観：注意を自分自身の心的内容に向ける手法。

人間性心理学：人間の経験の重要性、自己成長の潜在的能力、自己実現の可能性を重視する心理学的アプローチのひとつ。

認知心理学：心的処理を研究対象とし、脳（と心）をあたかも情報処理システムのようにあつかう心理学的アプローチのひとつ。

認知的不協和：人がふたつの矛盾する信念（たとえば「わたしはいじめっ子だ」と「わたしはよい人間だ」など）をもつときに生じる不快感のこと。

脳梁：ふたつの大脳半球をつなぐ神経繊維の太い束。

発達心理学：個人の生涯をとおして起こる思考と行動の変化を研究対象とする心理学の一分野。

被験者：実験の対象となる人（たとえば、記憶を調べる場合、対象となる記憶の持ち主が被験者である）。

プシケ：意識と無意識をふくめた、人間の心全体のこと（この言葉は精神分析理論の文脈のなかで使われることが多い）。

分離脳患者：脳梁が切断されている患者のこと。そのため、情報がふたつの大脳半球間を行き来できない。

唯物論：唯一存在するのは物質であり、すべての現象は、意識をふくめ、究極的には物質に還元できるとする考え方。

優生学：フランシス・ゴールトンが創始した学問分野。選択交配によって人類の遺伝的素質を改善することを目的とする。

容量限界チャネル：処理できる入力情報量に上限があるという意味では、脳は容量限界チャネルである（つまり、情報はフィルターによってろ過されなければならない）。

劣等感：特定の側面（たとえば、道徳的、社会的、知的側面など）において、自分は不適格で、社会的基準に達していないという、多くは根拠のない感情。

索引

＊項目になっている人名の項目ページはここにふくめていない。